心的禪修世界

Food for the Heart: The Collected Teachings of Ajahn Chah

【第三部】
慧

作者：阿姜查（Ajahn Chah）　中文譯者：賴隆彥

英文編譯‧導論：阿瑪洛比丘（Amaro Bhikkhu）

畫作：綠靜——修行中的阿姜查／奚淞

目次

慧

【推薦序】這本書將改變你的生命

我不太曉得如何介紹這位我所見過最有智慧的人才好。只要有他在的地方，就有機鋒與活力、率真與實話、莊嚴與親密，以及幽默與嚴肅的戒律、動人的悲心與自然的解脫。阿姜阿瑪洛 (Ajahn Amaro) 對本書精彩的導讀，將他描寫得很傳神。

多數阿姜查的教導，是藉由舉例、譬喻與活潑的對話所作的即時開示。他的教導直接而誠懇，沒有任何保留。「觀察人世間的苦因，它就像這樣。」他會如此說，而將我們的心導向實相。因為他是個擁有十八般武藝的巧師，他與每位訪客都坦誠相見，對眼前的處境皆保持幽默與直觀，因此，很難完全用語言捕捉他教學的活力。所幸他的遺產還包括近兩百座寺院、許多活生生的優秀傳法弟子、數百卷泰語錄音帶，以及數百萬個被其智慧感動的人。

在這些篇章中，你將發現阿姜查的另外一面，有條不紊與略微嚴肅的一面，它們的場合主要是針對比丘、比丘尼與訪客團體所舉行比較有系統的長篇開示。在這些教導中，他邀請我們所有人省察教法的本質，思惟它們，並將之謹記在心。在這本書中，他不厭其煩地提醒我們，無論我們是誰，生命的狀態都

是不確定的：「如果死亡在你裡面，那麼你可以逃到哪裡去呢？無論是否害怕，你都一樣會死；死亡是無法逃避的。」以這個事實為基礎，他舉出超越生死輪迴的解脫之道。「這是重點：你應該持續思惟，直到放下為止。那裡一無所有，超越善惡、來去與生滅。訓練這顆心，安住於無為法中，」他宣稱，「解脫是可能的。」

那些會遵循這位親愛導師教導的人，都一定願意探索他們自己的心，把結鬆開，放下執著、恐懼與我見。「如果你真的了解，則無論你過的是哪種生活，你時時刻刻都可以修行。為何不試試看呢？」阿姜查建議，「它將改變你的生命！」

願阿姜查所傳達慈悲佛陀的祝福，能充實你的心靈，並利益十方一切眾生。

獻上我誠摯的敬意。

傑克・康菲爾德

於心靈磐石中心
加州・伍德克，2002年

【作者簡傳】阿姜查

阿姜查‧波提央 (Chah Phothiyan) 一九一八年六月十七日，出生在泰國東北部烏汶省瓦林姜拉縣吉靠村，一個有十個孩子的富裕大家庭中。九歲時離開學校，在父母親的允許下出家成為沙彌，三年後還俗回家幫忙農務。然而他還是比較喜歡修道生活，因此一到二十歲，又在村落的寺院出家成為比丘，一九三九年四月二十六日受比丘戒。

他早年的僧侶生活較傳統，研習佛教教義、閱讀泰文教典及巴利經文。第五年時，父親因重病去世，人命的脆弱和不確定，促使他深思生命的真正目的，厭離感開始在心中生起。經過六年的寺院教育之後，一九四六年阿姜查通過了最高級的正規佛學課程考試。從那時起，他放棄學業，開始托缽行腳，走上另一段尋師訪道的旅程。

阿姜查走了四百公里抵達泰國中部，沿途行乞於村落、睡在森林。之後追隨幾位寮語系統的師父修學，過著傳統的叢林苦行生活。他聽說了備受推崇的阿姜曼，渴望能見到如此一位有成就的老師，於是，花了一段時間的尋找，才在一九四八年遇見阿姜曼並受到教導：「如果看到在內心生起的每件事物，當

下便是真正修行之道。」當時阿姜曼七十九歲，翌年便逝世了。雖然阿姜查只與阿姜曼相處兩天，但阿姜曼所授的法門卻非常受用。簡潔而又直接的教法是很大的啟示，改變了他修行的方法。往後幾年，阿姜查經常選擇在有野獸出沒的森林中修行。住在老虎和眼鏡蛇成群之處，甚至叢林墳場，來克服對死亡的恐懼，並洞察生命的真正意義。

一九五四年他受邀回故鄉，在烏汶省他出生村落旁的巴蓬(Phong Pond) 森林裡住了下來。那裡熱病橫行、鬼魅出沒，他不顧瘧疾的困境、簡陋的住處以及稀少的食物，追隨他的弟子卻愈來愈多。巴蓬寺於是應運而生。

阿姜查的教導不強調任何特別的打坐方法，也不鼓勵人們參加速成內觀或密集禪修課程。他教人先觀出入息以調心，等心安住了，繼續觀察身心的變化。保持生活簡樸、自然的生活態度以及觀察心念是他的修行要領，以培養一種平衡的心境，既無所執著也無我。無論是靜坐或日常生活作息都是修行，只要耐心觀照，智慧與祥和便自然產生。

一九八一年，阿姜查的健康逐漸走下坡，但他以「正見」如實覺知自己的病情：「如果它可以治癒，就治癒；如果不能，就不能。」他不斷提醒人們，要努力在自己心中找到一個真實

慧

的皈依之所。當年雨安居結束前，他被送往曼谷做一項手術。
幾個月內，他停止說話，並逐漸失去四肢的控制，終至癱瘓臥
床。一九九二年一月十六日，上午五時二十分，阿姜查在巴蓬
寺，在隨侍的比丘們面前，安祥地離開人間。 （轉載自阿姜查《森林
中的法語》）

慧

Namo Tassa Bhagavato Arahato Sammā-saṃbuddhassa
Namo Tassa Bhagavato Arahato Sammā-saṃbuddhassa
Namo Tassa Bhagavato Arahato Sammā-saṃbuddhassa

皈敬世尊、阿羅漢、正等正覺者
皈敬世尊、阿羅漢、正等正覺者
皈敬世尊、阿羅漢、正等正覺者

慧

【前言】關於這顆心

　　關於這顆心——事實上，它實在沒有錯。它本質上是清淨的，且原本就是平靜的，若不平靜，那是因為它跟著情緒走。真心與這些無關，它只是自然的一面，因受情緒欺騙，而變得平靜或擾動。未受訓練的心是愚痴的，感官印象很容易讓它陷入快樂、痛苦、愉悅與憂傷之中。不過心的真實本質並沒有那些東西。歡喜或悲傷不是心，它只是欺騙我們的情緒，未經訓練的心迷失後，就跟隨著情緒而忘了自己。於是，我們便以為是自己在沮喪、自在或其他等等。

　　但是，其實這顆心原本是不動與平靜的——真正的平靜！只要風靜止，葉子就會安住不動；風來了，葉子隨之舞動，它舞動是源自於風。心的舞動則是源於感官印象，心跟隨著它們，否則就不會舞動。若完全覺知感官印象的真實本質，我們就能不為所動了。

　　修行就只是要看見「本心」，我們必須訓練心去覺知那些感官印象，且不於其中迷失，讓它能平靜下來。我們艱苦修行的一切努力，都只是為了這個單純的目標。

慧

希望獲得佛法
須培養心中的戒、定、慧

人們從許多來源聽到佛法，例如不同的老師或比丘處。在一些例子中，「法」被以非常廣泛與模糊的字眼教導，以致很難在日常生活中運用。在其他例子裡，它則以華麗的語辭或特殊的名相來教導，尤其是採用逐字解釋經典的方式時，更讓人難以理解。最後，有種教導則是以平衡的方式進行，既不會太模糊或深奧，也不會太空泛或太隱晦，最適合聽者理解與修行，符合每個人的利益。在此我想與大家分享一些我慣常指導弟子的教法。

希望獲得佛法者必須以信仰或信心為基礎，我們必須了解佛法的意義如下：

佛①：「覺知者」②，心中有清淨、光明與安穩者。

法③：清淨、光明與安穩的特徵，從戒、定、慧生起。

因此，獲得佛法者是培養與增長心中的戒、定、慧者。

希望回家的人，不是那些只是坐著幻想旅行者，他們必須踏上旅程，朝著正確的方向一步步前進。若走錯路，就可能遇到沼澤或其他類似的障礙，或陷入險境而永遠到不了家。家，是個讓身心舒適的場所，那些真正到家者才能放鬆與舒服地睡

覺。但旅行者若經過或繞過家門而不入，那麼在整段旅程中，他們將無法得到任何利益。

修行的成果
完全取決於自己

同樣地，達到佛法的道路是每個人必須獨自去踐履的，沒有人能替代。我們必須走戒、定、慧的正道，直到獲得內心清淨、光明與安穩的喜悅，那是踐履正道的成果。

但若人擁有的只是書本、聖典、教誡與經典的知識——那只是旅遊的地圖或計畫——就永遠無法覺悟心的清淨、光明與安穩，即使經過幾百世，他將只是徒勞無功，永遠無法得到修行的真實利益。老師只能指出正道的方向，我們是否行走正道而獲得修行的成果，則完全取決於自己。

在此有另一個觀察的角度。修行就如醫師開給病人的藥，瓶子上有詳細的用藥說明。但若病人只是閱讀說明，即使讀上一百次，還是可能會死。他們無法從藥物得到任何利益，並可能會在死前埋怨醫生差勁，是個騙子，那些藥物無法治癒他們，因此毫無價值。殊不知他們只是花時間檢視藥瓶與閱讀說明，並未遵從醫師指示服藥。

慧

但若遵從醫生指示服藥就能康復，假使是重病，就必須服用較重的藥量，若病情輕微，則只需服用少量的藥即可。服用重藥是因為病重的關係，那是非常自然的，你們自己仔細思量後就會了解。

醫師開列處方以減輕身體的疼痛，佛陀的教導則是心病的藥方，讓心能恢復自然的健康狀態。因此，佛陀可說是開列心病處方的醫師。事實上，他是世上最偉大的醫師。

我們每個人毫無例外地都有心病。當你看見這些心病時，難道不會合理地想尋求「法」做為依靠或藥方嗎？踐行佛法之道，不能以身體去完成，你必須用心去實踐。我們可以將解脫道的行者區分成三種層次：

第一層次，包括那些了解自己必須修行，並知道如何做的人。他們皈依佛、法、僧，決心依教法精進修行。這些人已摒棄盲從的習俗與傳統，而能根據理智親自檢視世間的本質。這群人名為「佛教行者」。

中間層次，包括那些已修行到對佛、法、僧深信不移的人，他們已覺悟一切因緣法的真實本質，逐步降低執取與貪著，不會緊抓事物不放，他們的心深悉佛法。根據不執著與智慧的程度，而分別稱為「入流」④、「一來」⑤、「不來」⑥，或統

稱為「聖者」。

　　最高層次，是那些修行已導向佛陀的身、口、意者。他們超越世間、解脫世間，解脫一切貪染與執著，而稱為「阿羅漢」⑦或「世尊」，是最高層次的聖者。

修行正念和正知
將能生出善戒

　　戒，是對身和語業的自制與紀律，正式的區分是在家戒與比丘、比丘尼戒。不過，一般而言，有個基本特性——動機。當我們正念或正知時，就有正確的動機，修行正念⑧與正知⑨將能生出善戒。

　　若我們穿上髒衣服，身體會變髒，心也會感到不舒服與沮喪，那是非常自然的。若保持身體潔淨，並穿上整潔的衣服，心就會變得輕快與喜悅。同樣地，當無法守護戒律時，我們的身行與言語就會腐化，而讓心痛苦、悲傷與沈重。我們將偏離正確的修行，無法洞見「法」的本質。善的身行與言語有賴正確訓練的心，因為身體與語言都由心所控制。因此，我們必須持續調伏自己的心。

慧

定的修習
能讓心更堅固

　　以定⑩來訓練，能讓心更堅定、穩固，為心帶來平靜。通常未經訓練的心是動盪不安的，難以控制與駕馭。這種心狂野地跟隨感官起舞，就如水往低處竄流一樣。農學家與工程師知道如何控制水，以供人類社會使用，他們築起水壩以攔截河流，建立水庫與渠道，只為了輸送水讓人更方便使用。這些蓄積起來的水，變成電力與燈光的來源──這是控制水流更進一步的利益，如此一來，不僅阻止它四處流竄、淹沒低地，還能發揮它的最大功效。

　　心經常受攔阻、控制與疏導的情況也是如此，將能帶來無邊的利益。佛陀說：「調伏之心，將帶給我們真正的快樂，因此好好訓練你的心，以得到它的最大利益。」同樣地，環顧周遭的動物大象、馬、牛等，在使用牠們之前，也必須先加以訓練，唯有如此，牠們的力量才能充分發揮，為我們所用。

　　調伏的心所帶來的福報，比未調伏的心要來得多。佛陀與聖弟子們都和我們一樣──從未調伏的心開始，但後來都成為我們尊敬的對象，我們從他們的教導中得到許多利益。仔細想想，整個世界已從這些調伏心且獲得解脫者的身上，得到多少

利益。受到控制與調伏的心，將更能適切地在各行各業幫助我們。有紀律的心，會使我們的生活保持平衡，讓工作更順利，並培養與發展出理性的行為模式。最後，我們的快樂亦將隨之提昇。

修行最有效方式是
對呼吸保持正念

心的訓練可透過許多方式，使用許多不同的方法去做。每種人都可以修行的最有效方式是對呼吸保持正念，即培養入息與出息的正念。

在本寺，我們將注意力集中在鼻端，並配合念誦Bud-dho⑪以培養入出息的覺知。若禪修者希望念誦另一個字，或單純地於氣息的進出保持正念，那也很好，調整修法以適合自己。禪修的基本要素，是必須在當下注意或覺知呼吸，因此，在吸氣或吐氣時都要保持正念。修習行禪時，我們嘗試將注意力放在腳接觸地面的感受上。

禪修要想有結果，就必須儘可能經常練習。不要一天禪修一小段時間後，隔了一、兩個星期或甚至一個月才再修習一次，如此不會有什麼效果。佛陀教導我們要經常練習，並要精進地

慧

練習，儘可能持續訓練心。要想有效地修行，應該尋找不受干擾的理想僻靜處。適合的環境是花園、後院的樹蔭下，或任何可以獨處的地方。若是比丘或比丘尼，應該找個茅篷或安靜的森林，或一個洞穴。山林，是最適合修行的場所。

　　無論如何，不管身在何處，我們都必須努力維持入息與出息的正念。若注意力轉移，就把它再拉回到禪修的所緣上。嘗試放下其他一切想法與關心的事，不要想任何事──就只是觀察呼吸。念頭一生起，便立即警覺，並努力回到禪修的所緣上，心將變得愈來愈平靜。當心達到平靜與專注後，就可以把它從禪修的所緣──呼吸上放開。

　　現在，開始檢視組成身心的五蘊⑫：色、受、想、行、識。觀察它們的生滅，你將清楚地了解它們都是無常的；無常讓它們成為苦與可厭的；它們自行生滅，沒有一個主宰的「我」，只有根據因果而生的自然變動。世上的一切事物都具有無常、苦與無我的特相。若你能如此看待一切存在的事物，對五蘊的貪染與執著就會逐漸減少，這是因為你了解世間的實相。我們稱此為慧的生起。

了解身心各種現象的實相
就是慧

「慧」⑬是指了解身心各種現象的實相。當我們以調伏與專注的心觀察五蘊時，就會清楚地了解身與心都是無常、苦與無我的。以智慧了解這些因緣和合的事物，我們就不會貪取或執著。無論接收到什麼，都以正念接受，就不會樂不可支；當擁有的事物壞滅時，也不會不快樂或痛苦，因為我們清楚了解一切事物的無常本質。心已經調伏，遭遇任何疾病或苦難時，就能保持平常心，所以，最真實的依怙，就是這顆調伏的心。

這一切便被稱為「慧」——明瞭事物生起時的真實特相。慧從正念與定生起，定則從戒的基礎生起，戒、定、慧三者彼此密切相關，無法斷然區分。修行時它如此運作：首先，以調伏的心注意呼吸，這是戒的生起；持續修習入出息念，直到心平靜下來，定便生起；接著，觀察呼吸的無常、苦與無我，如此便能不執著，這是慧的生起。因此，入出息念可說是發展戒、定、慧的因，三者輾轉相互提攜。

當戒、定、慧同時開發時，如此的修行即稱為「八正道」⑭，佛陀說這是唯一的離苦之道。八正道是最殊勝的，因為若正確地修習，它直接通往涅槃、寂滅。

修行的果報
將會生起

當我們依上述的解釋禪修，修行的果報將分三階段生起：

首先，對在「隨信行者」⑮而言，將會增加對佛、法、僧的信心。此信心會成為他們內在真實的支撐，他們也將了解一切事物的因果法則：善有善報，惡有惡報。因此，這種人的快樂與安穩將大為提昇。

其次，達到入流、一來與不來聖果者，將增長對佛、法、僧的不壞淨信⑯，他們是喜悅與趨入涅槃的。

第三，阿羅漢或世尊，已完全離苦得樂。他們是覺者，已出離三界，並究竟圓滿解脫道。

我們都有幸生而為人，並且聽聞佛法，這是難得、難遇的機會。因此，切莫輕忽、放逸。趕緊持戒行善，遵從初、中、高級的修行正道，切莫蹉跎光陰，甚至就在今天嘗試證入佛法的真諦。讓我以一個寮語的俗諺作為結語：

歡樂已逝，暗夜將至。此時飲泣，駐足觀望，不久之後，結束旅程，將已太遲。

慧

【注釋】

①佛 (Buddha, Buddho)：意譯為「覺者」，即覺醒的人，已達到覺悟狀態者。歷史上的佛陀是悉達多‧喬達摩 (Siddhatta Gotama)。

②這是阿姜查常用的關鍵字，英譯本常將它譯為「the knowing」或「the one who knows」，中文可譯為「覺知者」或「覺性」。意指在無明或煩惱的影響下，它錯誤地覺知；但是，透過八正道的修行，它就是覺者（佛陀）的覺悟。

③法 (Dhamma)：事物的實相；佛陀的教導，內容為揭示實相，以及闡述讓人證入它的方法。

④入流（須陀洹）：是指斷除身見、疑、戒禁取三種煩惱，而進入聖者之流者，是聖者的最初階段者。成為此聖者之後，就永不再墮入地獄、餓鬼、畜生，至多生於欲界七次，其後必定得正覺而般涅槃。

⑤一來（斯陀含）：於須陀洹後，部分地斷除欲界貪、瞋、痴煩惱，再生到欲界一次，之後即成為阿那含或阿羅漢，

⑥不來（阿那含）：於斯陀含之後，再斷除瞋恚、欲貪二種煩惱，至此階段完全斷除欲界的煩惱，不再生於欲界，必定生於色界或無色界，在此處獲得最高證悟，或從欲界命終時，直接證得阿羅漢果。

⑦阿羅漢：聖者的最高果位，於阿那含斷除欲界煩惱後，阿羅漢再斷除色貪、無色貪、慢、掉舉、無明等五種色界與無色界的煩惱，獲得最終解脫，而成為堪受世間大供養的聖者。

⑧正念 (sati)：「念」是將心穩定地繫在所緣上，清楚、專注地覺察實際發生於身上、身內的事，不忘卻也不讓它消失。正念是八正道的第七支，有正念才能產生正定；它也是七覺支的第一支，為培育其他六支的基礎；也是五根、五力之一，有督導其他四根、四力平衡發展的作用。

⑨正知 (sampajañña)：即清楚覺知，通常與正念同時生起。正知共有四種：（一）

有益正知：了知行動是否有益的智慧；（二）適宜正知：了知行動是否適宜的智慧；（三）行處正知：了知心是否不斷地專注於修止、觀業處的智慧；（四）不痴正知：如實了知身心無常、苦、無我本質的智慧。

⑩定 (samādhi)：音譯為「三摩地」、「三昧」，意譯為「正定」、「等持」。即心完全專一的狀態，將心和心所平等、平正地保持在同一個所緣上，而不散亂、不雜亂。

⑪Bud-dho是用來方便持念的咒語，是由Buddha（佛陀）轉化而來，在泰國一般被拿來作為禪修的所緣。

⑫五蘊 (khandha)：「蘊」意指「積集」，五蘊即指構成人身、心的五種要素：（一）色蘊：色即物質，包括四大種及其所造色。（二）受蘊：受即感受，包括眼觸等所生的苦、樂、捨等感受。（三）想蘊：想即思想與概念，是通過眼觸等對周遭世界的辨識，包括記憶、想像等。（四）行蘊：行即意志的活動（心所法），包括一切善、惡的意志活動。（五）識蘊：識即認識判斷的作用，由六識辨別六根所對的境界。以上色蘊屬於色法，受、想、行、識蘊則屬於心法。

⑬慧 (Paññā)：音譯「般若」，係指對實相的了解與洞見。

⑭「八正道」又稱為「八聖道支」，是成就聖果的正道，也是能入於涅槃的唯一法門，有八種不可缺少的要素：正見、正思惟、正語、正業、正命、正精進、正念、正定。其中正語、正業、正命屬於戒學；正精進、正念、正定屬於定學；正見、正思惟屬於慧學。

⑮「隨信行者」是以信仰為主而獲得初步證悟者，它相對於依理論而得初步證悟的「隨法行者」，兩者皆是從凡夫到聖人的最初證悟——須陀洹。隨信行者所得的證悟稱為「不壞淨」，得此淨信者，絕對不會從佛教信仰退轉而改信其他宗教。

⑯「不壞淨」是絕對而確實的金剛不壞的淨信，共有四項：對佛、法、僧三寶絕對皈依的信，以及對聖戒的絕對遵守，稱為「四不壞淨」。

阿姜查的禪修世界

第三部

【第一章】什麼是「觀」？

以下的教導，是擷取自一九七九年阿姜查在果諾寺 (Wat Gor Nork) 雨安居期間，與西方弟子們的一次問答，為了便於了解，談話的順序做了一些調整。

生起的覺知，高於並超越「想」（思考）的過程。它能引導我們不再受到「想」的愚弄。

以「想」作為工具
如實觀察每件事物

問：當您教導「觀」的價值時，您是指坐著想特殊的主題——例如身體的三十二個部位嗎？

答：當心真的不動時，那並不需要。當定被正確地建立時，觀察的所緣就變得很明顯。當觀是「真實的」時，就沒有「對」與「錯」，「好」與「壞」的分別，連類似的東西都沒有。你不會坐在那裡想：「哦！這個像那個，那個像這個……」。那是粗的觀的形式。

禪定的觀不只是「想」，而是我們所謂的「靜觀」

（contemplation in silence）。在日常生活中我們透過比較，小心地思考存在的真實本質，這雖然是種粗的觀察，不過它能帶來真實的事物。

問：然而當您說觀身與心時，我們事實上是用「想」的嗎？「想」能產生真實的智慧嗎？這是「觀」嗎？

答：剛開始我們需要用「想」的，之後就會超越它。雖然我們需要從二元的思考開始，但當真的開始「觀」時，二元的思考就會停止。最後，一切的思慮都會停止。

問：您說要有足夠的定才能觀。要到怎樣的定才夠呢？

答：到足以讓心安住的程度即可。

問：您的意思是安住在當下，別想過去與未來嗎？

答：若你能如實了解過去與未來，則想這些事也沒錯，但你不可執著它們。以平常心對待它們──不要執著。若你能了解「想」就是「想」，那就是智慧。不要信任它們！覺知一切生起的事物終將消滅。

　　只要如實地觀察每件事──它就是它，心就是心，它本身不是任何東西或任何人。快樂就只是快樂，痛苦就只是痛苦──它就只是它。當你了解這一點時，就可以不再疑惑。

慧

以「覺知」引導「想」並生起智慧

問：真正的「觀」和「想」一樣嗎？

答：我們以「想」作為工具，但使用它時生起的覺知，高於並超越「想」的過程。它能引導我們不再受到「想」的愚弄，你認出一切「想」都只是心的活動，而覺性則是不生與不滅的。你認為這一切被稱為「心」的活動是什麼呢？我們所談論的心——一切活動，只是世俗之心，它根本不是真實的心。真實即如是，它是不生不滅的。

　　不過，只是藉由談論這些事而想了解它們，是沒有用的。我們需要真的深入思惟無常、苦與無我，換句話說，要以「想」去觀察世俗諦的本質，由此得到的結果就是智慧。若它是真實的智慧，則一切就都完成與結束了——見到空性。雖然也許還有「想」，但它是空的，你不會再受它影響。

解脫道的「觀」不同於世俗的「想」

問：我們如何到達這個真心的階段？

慧

答：當然！你現在是和你既有的心在一起。了解一切生起的事
物都是不確定的，沒有任何事物是穩定或真實的。看清
它，並了解一切都是空的，沒有什麼可以執著。

當你如實了解心中生起的事物時，就無須再使用「想」
了，你對於這些事將不再有任何疑惑。

談到「真心」，可以用另一個方法來幫助了解。我們為
了學習而設立名言，但事實上，本質並未因而改變，它還
是它。例如，坐在樓下這石頭地板上，地板是基礎──它
並未移動或去任何地方。上面的樓房是在這基礎之上生起
的。樓房就如心中所見的一切事物──色、受、想、行，
它們不如我們想像的一樣存在，它們只是世俗的心。它們
生起後就滅去，並無固定不變的實體。

經上有則關於舍利弗尊者在允許某位比丘修頭陀行之
前，考驗那位比丘的故事。舍利弗問這比丘，若他被問
到：「佛陀死後會如何？」他會怎樣回答。這名比丘答
道：「色、受、想、行、識，有生就有滅。」於是舍利弗
便讓他通過。

不過，修行不只是談論生與滅，你必須親自看見它。當
坐著時，只要如實觀察正在發生的事即可，別追逐任何

慧

事。「觀」並非意指陷入「想」中，解脫道的「觀」不同
於世俗的「想」。除非正確了解「觀」的意義，否則想得
愈多，只會愈困惑。

我們積極長養正念，就是因為要看清楚正在發生的事。
我們必須了解內心的過程，只要保持正念與了解，則一切
就都在我們的掌握之中。你們知道覺悟解脫道者，為何永
遠都不會表現憤怒或疑惑嗎？因為造成這些生起的因已不
存在，它們還能從哪裡冒出來呢？正念已涵蓋一切了。

五蘊之外
沒有任何東西

問：你所說的這顆心就是「本心」嗎？

答：你是什麼意思？

問：你似乎是說在世俗的身心（五蘊）之外還有個東西。有這
樣的東西嗎？你怎麼稱呼它？

答：根本沒有任何東西，我們不稱它為「任何東西」──它就
是那樣存在！一切都放下。甚至連覺性也不屬於任何人所
有，因此連它也要放下！意識不是獨存的個體、眾生、自
我或他人，因此，放下它──放下一切！沒有任何值得渴

愛的事！一切都只是麻煩的包袱。當你如此清楚看見時，
就能放下一切。

問：我們不能稱它為「本心」嗎？

答：若你堅持的話，仍可以如此稱呼它。你可以稱呼它為任何
你喜歡的名字，因為那只是世俗諦。但必須正確了解這
點，這非常重要。若我們不利用世俗諦，就沒有任何文字
或概念可以來思考真諦——法。了解這點非常重要。

只要持續放下並覺知 就能到達「本心」

問：在您所說的這個階段需要何種程度的定？它需要何種特質
的正念？

答：你無須那樣想，若未有足夠的輕安，就完全無法處理這些
問題。你需要足夠的穩定與專注，去覺知正在發生的事
——足以生起清明與了解的程度。

　　如此發問顯示出你仍在疑惑中。你需要足夠的定心，才
能對正在做的事不再有疑惑，不會陷入其中。若你有修
行，便能了解這些事。你愈是持續如此發問，就會愈感到
困惑。若這談話能幫助你思惟（觀），那就沒有問題，但

它無法為你顯示事物的實相。你無法因為別人告訴你而了解這個「法」，你必須親自體會——智者自知①。

若你「擁有」我們所談的這種了解的本質，那麼你的責任就已完成——你無須再「做」任何事。若依然有事要做，你就去做，那是你的責任。

只要持續放下一切，並覺知你正在做什麼即可，無須一直查核自己，擔心「多少禪定」之類的事——它總是會恰如其分。在修行中無論生起什麼，都隨它去，覺知一切都是不確定的，是無常的。記住這點！一切都是不確定的，放下這一切。這條路會帶你回到源頭——到達你的「本心」。

【注釋】

① 「智者自知」(Paccattaṃ veditabbo viññūhi)：是佛法的特質之一，經上列舉佛法的特質：「法是世尊善說、自見、無時的、來見的、引導的、智者自知。」「智者自知」意指智者當各各自知：「我修道，我證果，我證滅。」出世間法當於智者自己的心中，由實證而得見。

【第二章】法性

當心與法塵拉扯時
心便如風中果實般墜落

　　當一棵果樹正開花時，偶爾一陣風颳過，吹落一些花朵。有些花蕾繼續留在樹上，並結成青色的小果實，一陣風吹來，其中有些掉在地上。其他水果繼續成熟，然後它們也會掉下來。

　　人也是如此，像風中的花與果實，在不同的生命階段中墜落。有些人在母胎時就夭折，有些在出生後只活了幾天，有些多活了幾年，有些則在青少年或成年時去世，然而也有人是壽終正寢。

　　當在省察人時，應深思風中果實的本質——兩者都是非常不確定的。這種不確定也可以在出家人的生活中看到，有些人想來寺裡出家，中途卻改變心意離開，有些甚至都已剃髮！有些已成為沙彌，卻又決定離開；有些只出家一個雨安居便還俗了。就如風中的果實——一切都非常不確定。

　　我們的心也類似於此。當某個法塵生起，並與心拉扯時，心便如果實般墜落。

慧

佛陀了解這不確定的本質，他觀察風中果實的現象，並以此
省察比丘與沙彌弟子。他發現他們其實都具有相同的本質——
不確定！有其他的例外嗎？這就是事物的實相。

不涉入世間法
就能真正自在獨立

因此，若你是以正念在修行，就無須別人一五一十地教導你
看見與了解。佛陀便是個典型的範例，他的前世是闍那迦‧鳩
摩羅 (Janaka Kumāra) 王，他無須學習很多，只需要觀察一棵
芒果樹。

有天當他和隨行大臣們參觀一座公園時，坐在象背上的他瞥
見一些結實纍纍的芒果樹，由於當時無法停下，便決定稍後再
回來摘取。不過，他並不知道隨行大臣們會貪婪地將芒果採
光，他們以竹竿敲下芒果，或折斷整支樹枝，將葉子扯破並散
落滿地。

在失望與沮喪之餘，國王注意到鄰近的一棵芒果樹，它的枝
葉還很完整。他立刻了解到，那是因為它沒有果實，若樹沒有
果實，就沒人會去打擾它，所以枝葉不會遭到破壞。他在回宮
的路上一直思惟這件事：「當個國王是多麼不快樂、煩心與困

擾啊！他必須經常憂心國事，若有人企圖攻擊、搶奪或侵佔國土時怎麼辦？」他的心情始終無法平靜，甚至晚上睡覺時也會被惡夢驚擾。再次他在心裡看見芒果樹，沒有果實但卻有完整的枝葉。「若我們變得和那棵芒果樹一樣，」他心想：「我們的枝、葉也不會遭到破壞。」

　　他坐在房間禪思，最後由於受到芒果樹的啟發而決定出家。他將自己比喻作那棵芒果樹，結論是若他不涉入世間法，就能真正自在獨立，從擔心與困擾中解脫，心將不受困擾。如此省察後，他成為一位遊行僧。

　　從此以後，無論走到哪裡，當人問到他的老師是誰時，他都會回答：「一棵芒果樹。」他無須接受太多的教導，一棵芒果樹是他覺悟「引導的法」①的因，這是種引領向內的教導。他基於這覺醒而出家，少事、少欲、知足，並樂於獨處。他放棄皇室的地位，終於獲得內心的平靜。

　　我們也應敏於觀察四周，就如佛陀身為闍那迦·鳩摩羅王一樣，因為世上的每件事隨時都準備好要教導我們。即使只是少許直觀的智慧，我們也可能看清世間法。我們將了解，世上的每件事物都是老師，例如樹與藤，都可能向我們揭露實相。我們從自然中就能學到足以覺悟的「法」，因為每件事都遵循真

實之道，無法背離實相。

從無常、苦、無我的角度看
萬物皆平等

伴隨智慧而來的是安定與自制，它們接著會帶來更進一步對實相的洞見，我們將能了解每件事物無常、苦與無我的究竟實相。例如，所有大地上的樹，若從無常、苦與無我的角度來看，都是平等與一體的。首先它們出生，然後長大與成熟，不斷變化，直到死亡為止，這是每棵樹必經的過程。

同樣地，人與動物的一生，也是從出生，到成長與變化，到最後終歸於死。這從生到死的諸多變化過程，呈現了佛法之道。換句話說，一切事物都是無常的，在自然情況下，終究都會壞滅。

若我們覺知與了解，以智慧與正念加以學習，就能如實地見法。我們將見到人們一直在出生、變化與死亡，每個人都在生死中輪迴，這宇宙之內的所有人都是一體的。清楚明白地看見一個人，就等於看見世上所有的人。

同樣地，每件事都是「法」——不只是肉眼所見的事物，還包括內心所見的事物。一個想法生起，然後改變與消逝，那是

「名法」 (nāma-dhamma) —— 單純一個法塵生滅，這是心的真實本質。總之，這是佛法的聖諦。若人不如此地看見與觀察，就無法真的看見！若確實看見，他就具有智慧，可去聆聽佛陀宣說教法。

佛、法、僧
都在我們的心裡

佛在哪裡？

佛在法中。

法在哪裡？

法在佛中，

就在當下！

僧在哪裡？

僧在法中。

佛、法、僧都在我們的心裡，但必須自己去看清楚。有些人偶爾會說：「哦！佛、法、僧都在我的心裡。」然而，他們的修行卻不如法，因此要想在心裡找到佛、法、僧根本就不可

能，因為心必先成為覺知「法」的心才可以。那時我們才會知道，實相確實存在世上，且可以讓我們修行與了解。

例如，受、想、行等名法都是不確定的。憤怒生起時，它成長、轉變，然後消失，快樂也是如此，它們都是空的，不是真實的「東西」。內在有身與心，外在則有樹、藤等各種事物，都在展現這不確定的普遍法則。

無論它是一棵樹、一座山或一隻動物，一切都是「法」，每件事物都是「法」。「法」在哪裡？簡單地說，不是「法」的東西並不存在。「法」是本質，這就稱為「真實法」②，若人看見本質，他就看見「法」；若他看見「法」，他就看見本質。看見本質即見性，見性即覺悟「法」。

因此，每一刻、每個動作，生命的究竟實相都只是又一次無盡的生死循環，那麼，學習如此多東西要做什麼？若我們在所有姿勢（行、住、坐、臥）下，都能保持正念與正知，則自覺──覺知當下的真實法，隨時都可能發生。

見「法」者
即能見佛

現在，佛陀──真實的佛陀──依然活著，因為他即是「法」

本身，是真實法。而能讓人成佛的真實法，依然存在，它並未
逃到任何地方去！因此有兩個佛：一個在身體，另一個在心。

　　「真正的法，」佛陀告訴阿難，「唯有透過修行，才能悟
入。」凡是見「法」者即見佛，見佛者即見「法」。怎麼說
呢？從前佛並不存在，只有當悉達多‧喬達摩覺悟「法」時，
才成為佛陀。依此解釋，則我們的情況就和他相同，若我們覺
悟「法」，同樣也會成佛，這就稱為「心中之佛」或「名法」。

　　一定要對自己所做的每件事保持正念，因為我們會成為自己
善行或惡行的繼承者。善有善報，惡有惡報，你只需要在日常
生活中覺知這樣的情況即可。悉達多‧喬達摩就是因為了解這
實相而覺悟，世上也因此出現了一個佛陀。同樣地，若每個人
都能達到這樣的覺悟，也同樣可以成佛。

　　所以，佛陀依然存在。聽到這點，有些人因而變得很高興，
說：「若佛陀還在，那麼我就可以修行佛法了！」你們應如此
了解它。

佛陀並未創造「法」
只是發現它

　　佛陀所覺悟的「法」，是恆存於這世上的「法」。它可以比喻

為地下水，當有人想挖井時，一定要挖得夠深才能找到地下水，水一直都在那裡，他們並未創造它，只是發現它而已。

同樣地，佛陀並未發明或制定「法」，他只是將已存在的東西揭露出來而已。佛陀透過觀而看見「法」，「法」是這世間的實相，因為看見這個，所以悉達多·喬達摩被稱為「佛」。所以「法」能讓人成佛，成為「覺知者」──覺知「法」的人。若人們具有善行，並專心致志於佛法，則那些人永遠不乏戒與善。具備這樣的認識，將了解我們其實離佛陀並不遠，而是與他面對面。當了解「法」時，當下就見到了佛。

若人真的在修行，則無論他坐在樹下，或躺著，或任何姿勢，都能聽到佛法。這不是要讓你思考的事，它出自於清淨心。只記住這些話還不夠，因為這有賴於見到「法」本身，除此之外，別無他法。因此，應下定決心修行，以便能見到「法」，我們的修行才能真正完成，無論行、住、坐、臥，都能聽見佛陀的「法」。

佛陀的教導完備且具足
只待你去修行

佛陀教導我們到安靜的地方居住，才能學習收攝眼、耳、

鼻、舌、身、意六根。這是修行的基礎，因為六根是事物生起的地方，它們只在這些地方生起，因此，收攝六根就是為了覺知那裡發生的情況。

一切的善與惡都是經由這六根生起，它們是主宰身體的感官。眼睛主看色，耳朵聽聲，鼻子嗅香，舌頭嘗味，身體接觸冷、熱、軟、硬等感受，意根則主法所緣的生起。我們所需要做的，只是將修行建立在這幾個點上。

這個修行是很容易的，因佛陀已為我們設定好需要的項目。這就如佛陀已種植了一片果園，並邀請我們去採收果實，我們並無須種植任何樹。我們所關心的事，無論是戒、定或慧，都無須去創造、制定或推測，我們要做的只是遵循已存在於佛陀教導中的內容。

珍惜
能修行「法」的福報

因此，我們是具大功德與大福報的眾生，能聽到佛陀的教導。果園已存在，果實也已成熟，每件事都已完備且具足，所欠缺的只是有人去採摘果實與食用，是具有足夠信心的人去加以修行！

慧

　　我們應思惟自己的功德與福報是很珍貴的，只要環顧四周其他眾生不幸的遭遇就能得知。以狗、豬、蛇與其他生物為例，牠們並無機會學習、知道、修行「法」，是正在承受惡報的不幸眾生。當一個生命無機會學習、知道與修行「法」時，就無機會解脫痛苦。

　　身為人類，我們不應讓自己變成不幸的受難者，喪失端正的威儀和戒律。別變成不幸的受難者！別成為無望到達涅槃解脫道與增長德行的人，別認為我們已沒有希望！若如此思惟，我們就會如其他眾生一樣，變成不幸的一群。

　　我們都是生在有佛陀教化之處的眾生，因此早已具備足夠的福報與資源。若現在就改正與增長我們的了解、觀念與知識，它就能帶領我們如法地處事與修行，而能在此世就看見與覺悟「法」。

　　因此，我們和其他眾生如此不同，我們是有能力與機會覺悟「法」的人。佛陀教導我們：此刻，「法」就在我們的面前；此時，佛就和我們對面而坐！你還想在何時、何地看到他呢？

　　若我們不正確地思惟、修行，就會落入畜生、地獄、餓鬼或阿修羅道。③那是怎樣的情形？只要看自己的心。當憤怒生起時，那是什麼？那就是了，看清楚！當妄想生起時，那是什

麼？就是它，仔細地觀察！當貪欲生起時，那是什麼？就在那兒，把它看清楚！

　　當心無法辨識與清楚了解這些心境時，它就喪失為人的資格。所有情況都處於「有」的狀態，「有」引發「生」，「生」再引發「老」、「死」。因此，我們是照著內心的情況而「有」或「生」。

【注釋】

①「引導的」(opanayiko)：「法」的特質之一。值得引人自心；值得了解；藉修行嘗試；引導內向。經上列舉佛法的特質：「法是世尊善說、自見、無時的、來見的、引導的、智者自知」。

②實相：即「法」的本質，或稱為「真實法」(sacca-dhamma)。

③根據佛教思想，眾生依各自的業而在六道輪迴，包括天道（樂多於苦）、人道（苦樂參半），以及畜生、地獄、餓鬼或阿修羅道（這些地方苦多於樂）。阿姜查一直強調，我們應當下在心裡觀察這六道。根據內心的狀況，可以說我們一直都處於六道之中，例如當內心怒火中燒時，我們當下就從人道沈淪，而轉生於地獄道。

慧

【第三章】與眼鏡蛇同住

　　我們在巴蓬寺學習與練習的教法，是解脫生死輪迴苦的修行。為了做這個修行，你必須以對待眼鏡蛇的方式，對待一切你喜歡與不喜歡的各種心的活動。

　　眼鏡蛇是種很毒的蛇，若被咬一口就足以致命。對待我們的心情也是如此，喜歡的心情有毒，不喜歡的心情也有毒。兩者都會阻礙我們解脫，並妨礙我們了解佛陀教導的實相。

沒有東西可持續存在
只有生滅相續不已

　　因此，我們應嘗試從早到晚隨時保持正念。無論在做什麼，站著、坐著、躺著、說話或做其他事，你都應以正念去做。當建立起正念時，你將發現正知也隨之生起，這兩者將能帶來智慧。因此，正念、正知與智慧會一起運作，你將會像個日夜都清醒的人一樣。

　　佛陀留下的這些教導，不只是讓我們聆聽，或以世智辯聰去吸收而已。它們是可以透過修行，在我們的心中生起，並被覺知的教法。無論我們去哪裡或做什麼，都應擁有這些教法。

慧

「擁有這些教法」或「擁有實相」的意思是，無論我們做什麼或說什麼，都應以智慧去做與說，當在想與觀時，也以智慧去做。我們說具有正念、正知與智慧者，就是趨近佛陀的人。

當你們離開這裡時，應練習將每件事都拉回自己的心。以正念與正知去觀察心，並增長這智慧。具備這三個條件之後，「放下」的態度會生起，你會覺知一切現象不斷的生與滅。

你們應知道，那生滅只是心的活動。某件事生起，接著滅去，緊跟著又是另一次生滅。以「法」的語言來說，這生滅就是「生與死」，每件事都是如此──法爾如是。

當痛苦生起時，接著會滅去；當它滅去之後，痛苦又會再次生起。只有痛苦在生滅，當你看到這點時，就會不斷覺知生滅；當覺知持續不斷時，你就會了解「法爾如是」的道理。每件事都只是生與滅，沒有任何東西可持續存在，只有生滅相續不已──如此而已。

心理活動就像眼鏡蛇
不招惹牠就不會被咬

這種洞見能帶來平靜的出離心，當了解到沒有任何東西值得渴愛時，這種感覺就會生起，只有生滅，有生就有死。此時，

心就達到放下的境界──如實地放下一切。我們覺知事物在心中不斷地生滅，當短暫的快樂生起時，覺知它；當不圓滿的痛苦生起時，也覺知它。「覺知快樂」的意思是，我們不會認為它是我們的，當不再認同與執著苦、樂時，留下的就只是事物的實相。

所以說，心理活動就像致命的眼鏡蛇，若我們不去招惹眼鏡蛇，牠只會走牠自己的路，雖然牠很毒，但不會影響我們，只要不靠近牠或捉牠，牠就不會咬我們。眼鏡蛇只是做一隻眼鏡蛇該做的事，牠就是這樣。若你聰明的話，就離牠遠一點。你不只放下好的，也放下不好的──如實地放下它。

無論喜歡或不喜歡，你都放下。你對待它們，就如對待眼鏡蛇，別去招惹它們。我們既不思惡，也不思善；既不要重，也不要輕；既不要樂，也不要苦。如此一來，渴愛就會止息，平靜會穩固地建立起來。

熄滅貪、瞋、痴之火
就能終止生死輪迴

當建立起平靜時，我們就可以信賴它。這種平靜的生起是超越無明的，此時無明已消失。佛陀稱這種究竟覺悟的成就為

「涅槃」①，就如火被吹滅一樣。我們在火出現的地方熄滅它，凡是熱的地方，我們就在那裡讓它變冷。

覺悟也是如此，涅槃是在輪迴中被發現。覺悟與煩惱存在於同一處，就如冷與熱的情況，熱的地方會變冷，冷的地方會變熱。當熱度升高時，冷就消失；當冷存在時，就不再有熱。涅槃和輪迴也是同樣的道理。

我們被教導要終止輪迴，意思是停止轉動不已的無明之輪。終止無明，就是熄滅火焰。當外在的火焰被熄滅時，就會有清涼；當內在的貪、瞋、痴之火被熄滅時，也同樣會有清涼。

這就是覺悟的本質，它是火的熄滅，是將熱惱轉化為清涼。這就是平靜，是生死輪迴的結束。當你達到覺悟時，就是這麼一回事。它是不斷輪轉與不斷變化的終點，是我們內心貪、瞋、痴的結束。我們以快樂的語彙來談論涅槃，是因為這是世人比較容易了解的概念，但其實它超越快樂與痛苦兩者，它是究竟的平靜。

【注釋】

①涅槃 (nibbāna)：原意為「吹熄火焰」或「被吹熄的狀態」，意指解脫一切痛苦與煩惱的狀態，是成佛之道的最終目標。

慧

【第四章】內心的中道

　　佛教的教導是關於棄惡修善，然後當捨棄惡，建立起善時，我們便將兩者都放下。「中道」就是超越兩端之道。

　　佛陀所有的教導都只有一個目標——為未解脫者指出一條離苦之道。這教導給我們正見，若無法正確地了解，我們就無法達到平靜。

　　當諸佛覺悟並初次說法時，他們都談到兩端——耽著欲樂與耽著苦行。這是兩種沈迷的型態，人們就被困在感官世界的這兩端擺盪，永遠無法達到平靜，不斷地在生死輪迴中流轉。

　　覺者觀察到我們都被困在這兩端之間，永遠見不到中道法。這是沈迷之道，而非禪修者之道，非平靜之道。耽著欲樂與耽著苦行，簡單地說，就是過鬆之道與過緊之道。

快樂只是
痛苦的另一種微細型態

　　若觀察內心，你們就會看見過緊之道是憤怒或悲傷之道，走上這條路，只會遇到困難與挫折。至於另一端——縱欲，若能超越它，你們就超越了欲樂。既不痛苦，也不快樂，是種平靜

慧

的狀態。佛陀教導我們要放下苦與樂兩端，這是正確的修行，
是中道。

中道所指的不是身體與語言，它是指心。當我們不喜歡的法
塵生起時，它會讓心產生迷妄。當心感到迷妄而「晃動不止」
時，這不是正道。當喜歡的法塵生起時，心便耽溺於欲樂中，
這也不是正道。

沒有人想要痛苦，我們都想要快樂，但事實上，快樂只是痛
苦的另一種微細型態。你們可以將快樂與不快樂比喻為一條
蛇，不快樂是蛇的頭，快樂則是尾巴。蛇頭是真正危險的，它
有毒牙，若你碰它，蛇會立刻咬下去。但別說是頭，即使你抓
住蛇尾巴，牠也同樣會轉過身來咬你。因為不論是頭或尾巴，
都屬於同一條蛇。

苦與樂
都源自渴愛

同樣地，快樂與痛苦、歡樂與悲傷都出自相同的來源——渴
愛。因此，當快樂時，你的心並不平靜，它確實如此！例如，
當得到喜歡的東西，如財富、名望、讚譽或快樂時，我們會很
高興，但內心仍隱藏著些許不安，因為害怕會失去它。那樣的

恐懼不是平靜的狀態，不久後我們可能真的失去它，然後真正感到痛苦。

因此，即使是在快樂時，痛苦也會隨時在你不察覺的情況下發生。那就如抓蛇尾巴——若不放開它，你就會被咬。因此無論是蛇尾或蛇頭，換句話說，好或不好的情況，一切都只是無盡變化或輪迴的特徵。

佛教的本質是平靜，而平靜則來自如實覺知一切事物的本質。若我們仔細觀察，就可了解平靜既非快樂，也非痛苦，這兩者都不是實相。

人心——佛陀告誡我們去覺知與觀察的這個心，只能藉由它的活動加以覺知。而真實的本心，則無法藉由任何東西來測度或認識，在它的自然狀態下，它是如如不動的。當快樂生起時，這顆心也隨之動搖，它迷失在法塵中。當心如此動搖時，貪愛與執著也隨之而生。

若未見到實相
就一定會痛苦

佛陀已為我們指出完整的修行之道，但我們若不是還未修行，就是只在口頭上修行，我們口是心非，只是落入空談而

慧

已。但佛教的根本並非能被談論或臆測，這根本是如實覺知事
物的實相。若你已覺知這實相，那麼就無須任何教導；若未覺
知它，則即使在聆聽教導，你也無法真的了解。所以佛陀說：
「覺者只是指出道路。」他無法為你修行，因實相是無法言表
或傳遞的。

　　所有教導都只是譬喻或比喻，目的在幫助心見到實相。若未
見到實相，就一定會痛苦。例如我們通常以「行」一字來指稱
身體，任何人都可以談論它，但事實上都有問題，由於不知道
諸行的實相，因此會執著它們。因為不知道身體的實相，所以
我們才會痛苦。

　　在此有個例子。假設一天早上你正要走去工作，有人在對街
咆哮並辱罵你。當聽到這些辱罵時，你的心變得異於平常，覺
得很不舒服，感到憤怒且受傷。那人整天四處辱罵你，每次聽
到你就生氣，甚至當回到家時，仍在生氣，因為你懷恨在心，
想要報復。

　　幾天之後，另一個人來到你家對你說：「嘿！那天罵你的那
個人，是個瘋子！他已發瘋好幾年了。他辱罵每個人，沒人在
意他到底說了些什麼。」當聽到這裡時，你頓時鬆了一口氣，
在這些天裡，一直壓抑在內心的那些憤怒與傷害都完全化解。

為什麼？因為現在你知道事情的實相。先前你以為那個人是正常的，你才會對他生氣，你的誤解造成痛苦。當發現實相時，每件事都改變了：「哦，他瘋了！那說明了一切！」

現在你已了解，所以能釋懷，可以放下了，若不知道實相，你就會一直耿耿於懷。當認為侮辱你的那個人是正常人時，你想殺了他；但當發現實相時，你便覺得好多了。這就是實相的認知。

身體是「性空」的物體

有些見法者也有類似的經驗。當貪、瞋、痴消失時，它們是以同樣的方式消失。過去我們不知道這些事時，心想：「怎麼辦？我的貪與瞋如此深重。」這並非清楚的認知。就如我們一直都將瘋子當成正常人，當最後了解他根本就瘋了時，我們才放下心來。沒有人能為你指出這點，只有心親自看見時，它才能將貪欲連根拔除。

我們稱為「行」的這身體也是如此，雖然佛陀已一再解釋它並無固定不變的實體，我們還是不相信，緊抓著它不放。若身體會說話，它會整天對我們說：「你知道嗎？你不是我的主

慧

人。」事實上，它一直都在告訴我們，不過是以「法」的語言，因此我們無法了解它。

例如，眼、耳、鼻、舌、身等感官不斷在變化，但從未看過它們曾徵得我們的同意！當頭痛或胃痛時，身體也不會先問問我們的意見，它隨順自然的因緣，逕自發生。這顯示出身體不允許任何人當它的主人，它並沒有一個主人，佛陀描述它是個「性空」的物體。

我們不了解「法」，因此不了解諸行，而將它們當成我們的，是屬於我們或他人的。由此開始產生貪取。當「取」生起時，「有」便生起。一旦「有」生起，接著便是「生」，之後便有「老、病、死」等種種痛苦。

痛苦的感覺
是一連串緣起的結果

這是「緣起」①，「無明」緣「行」，「行」緣「識」等，這一切都只是心中的事件。當接觸我們不喜歡的事物時，若失去正念，就會有無明，痛苦立刻生起，但心通過這些變化的速度如此之快，以致我們跟不上它們。這就有如你從樹上掉下來，在清楚以前，「砰！」一聲，你已摔在地上了。當掉落

慧

時，其實你穿過許多枝葉，但你完全無法顧及它們，只是往下
掉，然後⋯⋯「砰！」。

「緣起」也是如此。經中如此拆解它們：「無明」緣「行」；
「行」緣「識」；「識」緣「名色」；「名色」緣「六入」；「六入」
緣「觸」；「觸」緣「受」；「受」緣「愛」；「愛」緣「取」；「取」
緣「有」；「有」緣「生」；「生」緣「老、病、死」等憂悲苦
惱。但當你真的接觸不喜歡的事物時，痛苦立即生起！痛苦的
感覺其實是一連串緣起的結果。因此，佛陀告誡弟子們，要徹
底觀察與覺知自己的心。

一切事物只順從自然法則 我們無法強迫它

當人誕生到這世上時並無名字，出生之後，才為他們命名，
這是種慣例，為了稱呼上的方便而為人命名。經典也是如此，
將事情拆開並貼上標籤，是為了方便學習實相。

同樣地，一切事物都只是行法，都是因緣和合而生，佛陀說
它們是無常、苦與無我的，是不穩定的。我們對此的了解既不
深刻，也不直接，因而持有邪見，認為諸行「就是」我們，我
們「就是」諸行；或快樂與痛苦「就是」我們，我們「就是」

快樂與痛苦。這種看法並非清楚的認知，它偏離實相。實相是
──我們無法強迫一切事物順從我們的意願，它們只順從自然
的法則。

在此舉個簡單的比喻。假設你坐在一條高速公路的中央，汽
車與卡車從你身邊呼嘯而過。你無法對那些車子咆哮：「別開
到這裡！別開到這裡！」那是條高速公路，你不能對他們那麼
說。那麼你能怎麼做？你應離開那條公路！公路是車子走的地
方。若你希望那裡不要有車子，就會痛苦。

諸行也是如此。我們說它們打擾我們，例如坐禪時聽到一個
聲音，心想：「哎！那聲音真吵。」若我們心想聲音煩人，就
會痛苦。若稍微深入觀察就會了解，是我們前去打擾聲音才
對！聲音就只是聲音。若我們如此了解，就不會無端生事，而
會讓聲音自然存在。

我們了解到，聲音是一回事，我們是另一回事。那些相信是
聲音來打擾他們的人，並不了解自己。他們真的不了解！一旦
你了解自己，就會很自在。聲音就只是聲音，你為何要去執取
它呢？你知道，事實上是你前去打擾聲音。

這就是對實相真實的認知，你看見兩端，因此擁有平靜。若
你只看到一端，就會痛苦，一旦看見兩端，就會隨順中道而

行。這是心正確的修行，就是所謂的「修正我們的知見」。

平靜是
從苦、樂兩端解脫出來

同樣地，一切諸行的本質是無常與死亡，但我們卻想抓住它們。我們帶著它們，並掩飾它們，希望它們是真實的，希望能在不是真實的事物上找到真實。每當有人如此理解，並執取諸行就是他自己時，就會痛苦。

修行佛法不能依靠比丘、比丘尼、沙彌或在家的身分，它有賴於修正你的知見。若我們的了解正確，就會達到平靜，無論是否出家都無所謂。每個人都有機會修學佛法、修觀，所觀的是相同的事，若我們達到平靜，那平靜對每個人而言都是相同的。那是相同的道路，使用的是相同的方法。

因此，佛陀並不區分在家人與出家人，他教導所有人修行，以發現諸行的實相。當覺知這實相時，就能放下諸行，若覺知實相，「有」與「生」就不復存在。「生」無從發生，因為我們完全覺知諸行的實相，若完全覺知實相，就會有平靜。有或無、得或失，都是相同的，佛陀教導我們覺知這點，這就是平靜——從苦樂或悲喜兩端中解脫出來。

　　我們必須了解，我們毫無理由要「生」，例如毫無理由要
「生」在高興中。當得到某些喜歡的東西時，我們很高興，若
不執取高興就沒有「生」，若執取就是「生」。因此，若得到某
些東西，我們不「生」在高興中；若我們失去，也不「生」在
悲傷中，這就是無生與無死。生與死，是建立在對諸行的執取
與貪愛上。

　　因此，佛陀說：「我生已盡，梵行已立，所作已辦，不受後
有。」瞧！他已覺悟無生與無死，這是佛陀經常告誡弟子們要
去知道的，這是正確的修行。若你未達到它，未達到中道，就
無法超越痛苦。

【注釋】

①緣起（paṭicca-samuppāda）：佛教的中心思想之一。是佛陀說明眾生為何會產生憂
　悲苦惱，如何才能脫離苦惱，到達無苦安穩的理想的教說。十二支緣起的順
　序，依次為無明、行、識、名色、六處、觸、受、愛、取、有、生、老死。

慧

【第五章】超越的平靜

若不修行
所有知識都是膚淺的

　　修習「法」是很重要的。若不修行，則我們所有的知識都是膚淺的，只是個空殼子而已，就如我們有某種水果，但還未吃它。雖然我們手上有那水果，卻無法從中得到任何利益，只有實際去吃它，才會真正知道它的味道。

　　佛陀並不讚歎那些一味相信他人的人，他讚歎那些覺知自心的人。就如水果，一旦嘗過它，就無須問人它的味道是酸或甜，我們不再疑惑，因為已如實覺知。了解「法」的人，就如了解水果滋味的人，一切疑惑都在這裡冰釋。

　　當談論「法」時，我們可將之歸納為四件事：知苦、知苦因、知苦滅、知滅苦之道，如此而已。至今我們所經歷過的一切修行都不外乎這四件事，當知道這四件事時，我們的問題就解決了。

　　這四件事生在何處？它們就出生在身與心之內，而非別處。那麼，佛陀的教導為何如此微妙廣大呢？那是為了更精確地解

釋，以便幫助我們了解它們。

當悉達多‧喬達摩誕生在這世上，在見法之前，他就和我們一樣都是凡夫。當他了知應知道的事——苦、集、滅、道四諦時，他了解了「法」，而成為正等正覺的佛陀。

無論我們坐在哪裡，當了解「法」時，就知道「法」，無論在哪裡，都可聽到佛陀的教導。當了解「法」時，佛陀就在我們的心裡，「法」就在我們的心裡，帶來智慧的修行也在我們的心裡。心裡有佛、法、僧，意味著無論行為的好壞，都能清楚覺知它們的真實本質。

這解釋了佛陀如何能捨棄世俗的看法、讚歎與批評，不論人們讚歎或批評他時，他都坦然接受。讚歎與責備都只是世間法，因此他不受影響。為什麼？因為他知道苦，知道若對那些讚歎與批評信以為真，便會造成痛苦。

讓「法」在心中 如實生起

當苦生起時，會令我們焦慮與不安。苦的因是什麼？是因為我們不知道實相。當因存在時，苦就會生起，它一旦生起，我們便不知如何制止它，愈嘗試制止它，它就愈增長。我們說：

慧

「別批評我」或「別責備我」，但愈如此嘗試制止它，苦就愈明顯，無法停止。

因此，佛陀教導滅苦之道，是要讓「法」在自己心中如實地生起──成為親自見證「法」的人。若有人說我們好，我們不會迷失於其中；若有人說不好，也不會忘了自己。如此一來，我們就可以很自在。「善」與「惡」都是世間法，都只是心的狀態，若跟著它們，心就會成為世間。我們只是在黑暗中摸索，找不到出路。

若是如此，就是還不了解自己。我們想要打敗別人，但是這麼做，反而打敗自己。不過，若洞悉自己，我們就洞悉一切──色、聲、香、味、觸等法。

觀察
身體裡的身體

現在我談的是外在，但外在也反映內在。有些人只知道外在。例如，我們嘗試「安住於身，循身觀察」①，見到外面的身體還不夠，必須知道身體裡的身體；在觀察心時，應知道心裡面的心。

我們為何應觀察身體？這「身體裡的身體」是什麼？當說覺

知心時，這「心」是什麼？若無法覺知心，就無法覺知心裡的事，我們是不知苦，不知苦因，不知苦滅，以及不知滅苦之道的人。那些應有助於滅苦的事沒有發揮作用，因為我們受到會加重苦的事吸引，那就猶如頭癢，卻去搔腳一樣！若是頭癢，那麼搔腳顯然無法得到紓解。同樣地，當痛苦生起時，我們不知如何處理它，不知趨向苦滅的修行。

舉大家都有的身體為例。若只看身體的色法，就無法解脫痛苦。為什麼？因為我們還未看見身體裡面，只看見外面，視它為美好與真實的事物。佛陀說只靠這個是不夠的，我們以眼睛看外面，小孩看得到它，動物也看得到它，這並不難。但一看到它，我們就執著它，不了解它的實相。我們執取它，它則反咬我們一口！

因此，我們應觀察身體裡的身體。無論身體裡有什麼，都去檢視它，若只看外表，那並不清楚。我們看頭髮、指甲等，它們只是會引誘我們的美麗事物，因此，佛陀教導我們要看身體內部，看「身體裡的身體」。

身體裡有什麼？仔細看清楚！我們將發現許多令人驚奇的東西，因為雖然它們在我們身體裡面，我們卻從未曾看過。每次走路，我們都帶著它們，坐在車裡，也帶著它們，但我們對它

慧

們卻一無所知！

　　就如去拜訪某個親戚的家，他們送我們一份禮物。我們拿起它，裝進袋子裡，然後離開，從未打開看過裡面是什麼，最後打開它——裡面裝滿了毒蛇！身體就像這樣，若只看外表，會說它很美好。我們忘了自己，忘了無常、苦與無我。若我們看這身體的裡面，它真的很噁心！

快樂或痛苦是一種受
要將心與受分開

　　當如實地觀察，不試圖粉飾事物時，我們將了解身體是可鄙與令人厭惡的，就會生起厭離。不感興趣並不表示我們感到瞋恚，而是說我們的心是清明與放下的。我們了解所有事情都是不實在、不可靠的，它們本來就是如此。不論我們希望它們如何，它們仍依然故我。不穩定的事就是不穩定，不美麗的事就是不美麗。

　　因此佛陀說，當經歷色、聲、香、味、觸、法時，應放開它們。當耳朵聽到聲音時，隨它們去；鼻子嗅到香味時，由它去，將它留給鼻子就好！當觸生起時，放下隨之而來的好惡，讓它回到它的生處；法塵也是如此。這一切都只要隨它去，這

就是覺知，無論它是快樂或痛苦都一樣，這就是禪修。

我們禪修讓心平靜，智慧才有可能生起。這需要我們以身心去修行，以便能看見與覺知色、聲、香、味、觸、法等所緣。簡單地說，那不外乎是苦與樂的事，快樂是種心中愉悅的感受，痛苦則只是種不愉悅的感受。心是覺知者，受②是苦樂與好惡的表徵，當心耽溺於這些事物時，就是執取它們，或認為快樂與痛苦是值得執著的事。執取是種心的活動，快樂或痛苦則是一種受。

當佛陀告訴我們將心與受分開時，他並不是指說將它們丟到不同地方去，而是指心必須覺知樂與覺知苦。例如當入定時，平靜充滿內心，樂受生起，但它無法進入心；苦受生起，也無法進入心，這就是將心與受分開的意思。這可用瓶子裡的水與油作比喻，它們並不相融，即使你試圖混合它們，油是油，水也還是水，因為它們的密度不同。

心的自然狀態既非樂，也非苦。當受進入心裡時，樂或苦就會產生。若具有正念，我們就會覺知樂受就是樂受，覺知的心不會執取它。樂存在，但它在心外面，而非藏匿在心裡，心只是清楚地覺知受。

殺死煩惱是
如實覺知並放下煩惱

若將心與苦分開，是否意味著沒有痛苦，從此感受不到它？不！仍能感受到它，但我們覺知心就是心，受就是受，而不執取或執著那感受。

佛陀透過智慧將這些分開，他感受到痛苦嗎？是的，他覺知痛苦的狀態，但不執著它，因此我們說他斷除了苦。快樂也一樣存在，但他覺知快樂，若不覺知它，它便如毒藥。佛陀不執著快樂為他自己，透過智慧，快樂仍在那裡，但他的內心不執取或執著它。因此，我們說他將心與苦、樂分開。

當我們說佛陀與覺者們殺死煩惱時，那並不是指他們真的將它們都殺光。若已殺光所有煩惱，我們大概就不會再有任何煩惱了！

他們並非真的殺死煩惱，而是他們如實覺知煩惱，放下了它們。愚痴的人會執著它們，但覺者了解心中的煩惱是毒，因此全部清除，他們清除會造成痛苦的事物。不知道這點的人，看到一些如快樂或美好的事，就會執著它們，但佛陀只是如實地看見它們，然後掃除它們。

慧

欲樂或苦行
皆非禪者之道

佛陀知道，因為樂與苦兩者都是苦的，具有相同的價值。當快樂生起時，就放下它。他具有正確的修行，因為他看見這兩者具有同等的價值與缺陷。它們受制於「法」的法則，換句話說，都是不穩定與不圓滿的，有生就有滅。當他看見這點時，正見便生起，正確的修行之道也變得更加清晰。無論何種感覺或想法在他的心中生起，他知道那只是持續的樂與苦的活動，他不執著它們。

當佛陀剛覺悟時，便作了關於耽著欲樂與耽著苦行的開示。「比丘們！耽著欲樂是過鬆之道，耽著苦行則是過緊之道。」這兩件事在他覺悟之前，都一直困擾著他，因為起初他並未放下它們，當覺知它們時，他才放下，因此才有初轉法輪。

所以，禪修者不應步上快樂或痛苦之道，反之，他應覺知它們。覺知苦的實相，覺知苦因、苦滅與滅苦之道，而離苦之道就是禪修。簡單地說，應保持正念。

正念是覺知，也是當下的心。我現在正在想什麼？在做什麼？心中縈繞著什麼事物？如此觀察，清楚地覺知自己究竟是如何生活。如此修行，智慧便能生起。

慧

　　我們在任何姿勢下，隨時保持思惟與觀察。當一個喜歡的法
塵生起時，如實覺知它，不執著它為任何固定不變的實體，它
就只是快樂。當痛苦生起時，也覺知它，並覺知苦行絕非禪者
之道。

心與受
就如油與水

　　這就是我們所謂的將心與受分開。若夠聰明，就不會執取而
隨它去，我們便成為「覺知者」。心與受就如油與水，它們在
同一個瓶子裡，卻不會相混。即使生病或在受苦，我們仍覺知
受就是受，心就是心。我們覺知痛苦或舒適的狀態，但並不認
同它們，只和平靜同在——超越苦與樂的平靜。

　　你們應如此生活，換句話說，沒有快樂與痛苦，只有覺知，
心中無任何牽掛。

　　當我們尚未覺悟時，這一切聽起來可能會很奇怪，但那無
妨，只要朝這方向設定目標即可。心就是心，它遭遇快樂與痛
苦，我們只是如實地看它們，再無其他。它們是分開的，並不
相混，若都混在一起，我們就無法覺知它們。

　　就如住在一間房子裡，房子和住戶雖然有關，不過卻是分開

的。若房子有任何危險，我們會難過，並覺得必須保護它；但若房子著火，我們得跑出來。因此，若苦受生起，我們就得離開它，當知道它已完全著火時，就得趕快跑。房子是一回事，住戶是另一回事，它們是分開的兩件事。

我們說要如此分開心與受，但事實上，它們本來就是分開的。我們的了解，只是如實覺知這自然的分離。若我們認為它們是分不開的，那是因為對實相無知，而執取它們的緣故。

修定所得的智慧
與研究書本所得的知識不同

因此 佛陀告訴我們要禪修，這禪修非常重要，光靠世智辯聰是不夠的。從修行的定心中產生的智慧，和從研究書本中得到的知識相差甚遠，從研究中所得到關於心的知識，不是真實的知識。我們為何要執著如此的知識呢？我們終究會失去它啊！一旦失去它，我們便哭泣。

若我們真的了解，便會放下，讓它順其自然。我們知道事物是怎麼一回事，且不會忘失自己。若生病，也別迷失於其中。有些人說：「這一整年我都在生病，因此完全無法禪修。」這些是真正愚痴者講的話，其實生病或瀕臨死亡的人，更應該精

慧

進修行。

你們可能會說沒有時間修行，生病很痛苦，你們不信賴身體，因此覺得自己無法禪修。若你們這樣想，那事情就會變得很困難。佛陀並非如此教導我們，他說這裡就是修行的地方，當生病或瀕臨死亡時，那正是我們可能真正覺悟與看見實相的時候。

其他人說他們太忙了，沒機會禪修。有時學校的老師們來看我，抱怨事情太多，沒時間禪修。我問他們：「當你們教書時，有時間呼吸嗎？」他們回答當然有。「那麼若工作真的如此繁重，你們怎麼會有時間呼吸？你們就在這裡遠離『法』。」

修行只在於觀察心與受
無須四處追逐

事實上，這修行只在於心與受，你無須四處去追逐或爭取，工作時，呼吸依然持續進行。自然的過程會有自然去照料——我們需要做的只是保持覺醒，只要持續努力，向內看清楚。禪修就是如此而已。

若有正念，無論做什麼工作，它都將成為讓我們持續覺知對錯的工具。有很多時間可以禪修，只是我們未能全面地了解修

行而已。我們睡覺時呼吸，吃飯時也呼吸，不是嗎？為何無時間禪修？無論在哪裡，我們都會呼吸。若如此思惟，生活就會和呼吸同樣有價值，無論在哪裡，我們都有時間禪修。

各式各樣的想法都是心法，而非色法，因此只需要保持正念。如此一來，隨時都能覺知對與錯。無論是行、住、坐、臥，我們有的是時間，只是不知如何正確利用它而已。好好地思惟這點。

當我們覺知時，就是精通心與法塵。當精通法塵時，就精通這世間，我們成為「世間解」，那是佛陀的九種德行之一③。佛陀是清楚覺知世間與一切苦難的人，他知道苦惱與不苦惱同在那裡。

這世間如此令人困惑——佛陀是如何覺悟的呢？在此我們應了解，佛陀教導的「法」並未超出我們的能力之外。無論行、住、坐、臥，我們都應保持正念與正知——坐禪時間到了，就去坐禪。

坐禪是為了增長心的力量

我們坐禪是為了讓心安定與增長心的力量，而非好玩，觀禪

本身就是住於定中。有些人說：「現在我們將先入定，之後才進行觀禪。」別如此分開它們！定是產生慧的基礎，慧則是定的果實。

你不能說現在我先修定，之後才來修觀，那是辦不到的！你只能在言語上區分它們，就如一把刀子有刀刃與刀背，無法將兩者分開。若你拿起一個，同時也會拿起另一個，定就如此生出慧。

戒是「法」的父母，最初必須先有戒。戒是平靜，意指沒有身與口的惡行。當我們不犯錯時，就不會感到不安；當不會不安時，平靜與鎮定就會生起。

戒、定、慧
三者是一體的

因此，戒、定、慧是聖者邁向覺悟的道路。這三者其實是一體的：戒即定，定即戒；定即慧，慧即定。就如一顆芒果，當它是花時，我們稱它為花；當結果時，就稱它為芒果；當它成熟時，則稱它為成熟的芒果。

同是一顆芒果，卻不停地變化。大芒果從小芒果而來，小芒果會長成大芒果，你可說它們是不同的水果，也可說是同一

個。芒果從最初的花開始，它還是它，只是逐漸長大與成熟，這就夠了，無論別人如何稱呼它都無妨。一旦出生，它就會長大與變老，接下來呢？我們應好好思惟這點。

有些人不想變老，到了老年就變得很沮喪。這些人不應吃成熟的芒果！我們為何想要芒果成熟呢？若它們無法及時成熟，我們就會加以催熟，不是嗎？然而，當年老時，我們卻充滿悔恨。有些人會哭泣，害怕變老或死亡。若他們如此感覺，就不該吃成熟的芒果，最好只吃花！若能看見這點，我們就能見到「法」，一切都清楚明瞭，便能獲得平靜，只要下定決心如此修行就對了！

修行是為了放下對與錯

你們應好好思惟我所說的話。若有任何錯誤，請原諒我。只有當你們親自去修行與觀看時，才會知道它是對或錯。錯的，就拋開它；對的，則善加利用。

但事實上，修行是為了放下對與錯，若是對的，拋開；若是錯的，也拋開！最後拋開一切！通常，若是對的，我們就執著為「對」；若是錯的，就認定是「錯」，接著產生爭執。但

是，「法」是空無一物之處——什麼也沒有。

【注釋】

①此教導見於佛陀針對「四念處」的開示。「安住於身，循身觀察」意指將心專注於身體之中，很清楚地依次隨順觀察身體是由地、水、火、風所組成，而知「身」是集合體，是生滅變化、不淨的，去除執著身體為「我」的顛倒。參見《大念處經》（《長部》第22經）。

②「受」(vedanā)指苦受、樂受、不苦不樂受。又可分為身的受與心的受，身的苦受稱為「苦」(dukkha)，樂受稱為「樂」(sukha)；心的苦受稱為「憂」(domanassa)，樂受稱為「喜」(somanassa)。在此，阿姜查描述它的意思，應理解為心的苦受與樂受。

③《長部》列舉佛陀的功德：「彼世尊亦即是阿羅漢、等正覺者、明行具足者、善逝、世間解、無上士、調御丈夫、天人師、佛、世尊。」此外，諸經論中亦有將世間解、無上士合為一號，或將佛、世尊合為一號，或將無上士、調御丈夫合為一號等諸說，而成為九種功德。

慧

【第六章】世俗與解脫

超越世俗
便超越痛苦

　　這世上的事情，都只不過是我們自己製造出來的世俗法。建立起它們之後，我們卻迷失在其中，並拒絕放下，執著個人的看法與觀點。這執著永遠不會結束，它不停地輪迴①，永無止境。現在，若我們知道世俗諦②，就會知道解脫，若清楚地知道解脫，就會知道世俗諦。這就是覺知「法」，如此，才會結束輪迴。

　　我曾觀察過西方人一起坐禪的情景，當他們結束起身時，男女混雜在一起，有時會相互摸頭③！當看見這情景時，我心想：「啊！若我們執著世俗法，當下就會生起煩惱。」若能放下世俗法，放棄看法，我們就能得到平靜。

　　有時，當將軍與上校等位高權重的人來看我時，他們說：「喔！請摸我的頭。」④若他們如此請求，並沒有任何問題，他們樂於被摸頭。但若你在路上碰觸他們的頭，那就是另一回事了！這是因為執著的緣故。因此，我覺得「放下」真的是平

慧

靜之道，摸頭違反我們的習俗，但其實它並沒什麼。只要人們同意，便不會有問題，就如摸一顆甘藍菜或馬鈴薯一樣罷了！

接受、捨棄、放下——這是放鬆之道，只要執著，當下就會有「有」與「生」，並會有危險。佛陀教導世俗法，以及如何以正確方式化解它們，由此而達到解脫。

這是解脫，不執著世俗法。這世上的一切事物都有個世俗諦，建立起它們之後，我們不該反被它們愚弄，因為迷失於其中確實會導致痛苦。關於規則與世俗法，這點最重要，能超越它們，就能超越痛苦。

世俗法
並非真實存在

無論如何，它們是我們這世間的特色。舉布恩馬(Boonmah)先生為例，他從前只是個平民，現在被任命為地方官，那只是種世俗法，但我們應予以尊重。那是人世間的一部分。若你想：「啊！從前我們是朋友，曾在裁縫店一起工作。」於是你在公開場合拍他的頭，他將會生氣，那是不對的，他會憎恨。

因此，我們應遵循世俗法，以避免引生怨恨。了解世俗法是有用的，活在這世上就是這麼一回事，知道正確的時間、地點

與人。

違反世俗法有什麼錯？有錯是因為人的緣故！你們應保持靈活，同時覺知世俗與解脫兩者。覺知每個適當的時機，若知道如何輕鬆地使用規則與慣例，我們就掌握了技巧。若想在不適當的時機，根據較高層次的實相行動，那就是錯的。它錯在哪裡？錯在人的煩惱，就是那裡！每個人都有煩惱。

在某種情況下，我們表現出某種方式，在另一種情況下，則表現出另一種方式，應知如何進退，因為我們生活在世俗法中。問題會發生，是因人們執著它們的緣故。若假設某物存在，它就存在，它因我們假設它存在而存在，但你若仔細地從究竟的角度來看，這些事物並非真實存在。

比丘過去也曾是在家人，曾在「在家人」的世俗法下生活，現在則在「比丘」的世俗法下生活。我們是在世俗下成為比丘，而非透過解脫成為比丘。起初，我們如此建立世俗法的標準，但出家並不表示已斷除煩惱。

若我們抓起一把沙，並一致稱它為「鹽」，這樣做會讓它變成鹽嗎？它只是有鹽的名稱而已，並非具有鹽的實質，你無法用它來烹調，它只能在共許的前提下被使用，因為根本沒有鹽，只有沙。

世俗法是依緣而有 暫時存在

「解脫」一詞本身也只是個世俗法，但它所指向的超越世俗的範圍。在達到自在與解脫之後，我們仍會依世俗「解脫」的用語來指稱它。若無世俗法，我們就無法溝通，因此它確實有它的作用。

例如，每個人的名字都不同，但他們都一樣是人。若沒有名字，當我們想呼喚站在群眾中的某個人，只能喊：「喂，人啊！人啊！」那將會徒勞無功。你無法指定想呼喚的那個人，因為他們都是「人」。但若你呼喚：「嗨，約翰！」約翰就會前來。名稱就是為了滿足這需求，透過它們，我們才能溝通，它們為社會行為提供了基礎。

因此，你們應同時知道世俗與解脫兩者。世俗法有它的用途，但它並無固定不變的實體，甚至連人都不存在，它們只是四界的組合，是因緣法所生，依緣而有，暫時存在，然後就會自然地消失，無人能反抗或控制這一切。但若是無世俗法，我們將無話可說；我們會沒有名字、沒有修行、沒有工作。規則與世俗法的建立，都是為了給我們語言，讓處理事情更為方便，如此而已。

慧

　　以錢為例。古代沒有任何硬幣或紙鈔，人們通常是以物易物，但這些貨物難以保存，所以發明了錢。也許未來有個國王會規定，無須使用紙鈔，以蠟代替，將蠟融化後壓製成形，稱它為「錢」，然後通行全國。除了蠟之外，甚至可決定以雞屎作為地方流通的貨幣——除了雞屎之外，不准使用其他的錢。那麼一來，人們可能會為了雞屎而互相殘殺！

對於世俗法
了解但不執著

　　這就是世俗諦，但要讓普通人了解解脫真的很困難。我們的錢財、房子、家庭、子女與親屬，都只是我們創設的世俗法，事實上，從「法」的眼光來看，它們並不屬於我們。我們也許聽了會覺得不舒服，但事實就是如此。這些事物只有透過設立的世俗法才有價值，若設立它毫無價值，它就毫無價值；若設立它有價值，它就有價值。它就是如此，我們將世俗法帶到這世上來，是為了滿足需求。

　　甚至這身體也並非真是我們的，我們只是假設它是如此。它真的只是個我們片面的假設而已，若你想在它裡面找到真實的自我，你找不到。那裡只有出生、短暫存在，然後便死亡的元

素而已，它並無固定不變的實體，但使用起來卻頗為合適。好比杯子，它早晚會破，但當它還存在時，你就應好好地使用它、照料它。它是供你使用的工具，若它破了會有麻煩，因此即使它必定會破，你仍應盡一切努力去保存它。

因此，我們有四種資具⑤，佛陀教導我們要對此反覆思惟。它們是比丘賴以維繫修行的東西，只要活著，就必須依賴它們，但你應了解它們，別執著它們，否則便會產生渴愛。

我們使用世俗諦
但別以為它是究竟實相

世俗與解脫，就是如此不斷地相互關連。雖然我們使用世俗諦，但別誤以為它就是究竟實相，若你執著它，痛苦就會生起。「是」與「非」就是個很好的例子。

有些人以「非」為「是」，以「是」為「非」，但最後誰真的知道什麼是「是」、什麼是「非」？我們不知道。不同的人建立起各別相異的世俗「是」與「非」，而佛陀是以「苦」為他的準繩。事實上，我們並不知道。但就實用與實際的觀點而言，「是」即是不傷害自己與他人，這方式對我們來說，比較有建設性。

慧

其實世俗與解脫都單純地只是「法」，雖然後者超越前者，但它們是不可分割的。我們無法保證有什麼事絕對是這樣或那樣，因此，佛陀說就讓它去吧！讓它回到本來的不確定性。無論你多麼喜歡它或討厭它，你都應了解它是不確定的。

問題永遠無解
放不下就會痛苦

拋開時間與地點，整個「法」的修行是在「什麼也沒有」當中完成，那是捨、空、放下包袱的地方。這是結束，不像是有些人說幡動是因為風的緣故，另外一些人則說是幡的緣故，那將沒完沒了！就如古老的謎題：「先有雞還是先有蛋？」這問題永遠無解，法爾如是。

這一切都只是世俗法，是我們自己設立的。若你以智慧覺知這些事情，就會覺知無常、苦與無我。這是導致覺悟的觀點。

訓練與教導那些理解層次不同的人，是非常困難的。有些人已有些成見，你告訴他們某些事，他們不相信你；你告訴他們實相，他們卻說那不是真的。「我是對的，你是錯的……」這將會沒完沒了。

若你放不下，就會痛苦。例如，有四個人走進森林裡，他們

聽到雞叫：「咕、咕、咕！」其中一人質疑：「這是隻公雞或母雞呢？」三個人說是母雞，但第四個人不同意。「母雞怎麼可能那樣叫？」他問道。他們反駁他：「牠有張嘴，不是嗎？」

他們爭吵不休，為此而心煩意亂，但最後他們都錯了。無論你說「母雞」或「公雞」，那都只是名稱而已。我們建立這些世俗法，說公雞像這樣，母雞像那樣；公雞這樣叫，母雞那樣叫……我們就是如此受縛於世間！記住這點！若你知道其實沒有公雞，也沒有母雞，那麼事情就結束了。

看見事物的實相
便能超越快樂與悲傷

佛陀教導不要執著，我們該如何修習不執著呢？我們只要放棄執著即可，但這不執著卻難以了解。它需要有敏銳的智慧去觀察與透視，去真正達到不執著。

當你思考人們是快樂或悲傷、滿意或失意時，它並不依賴他們擁有多或少——它依賴智慧。一切挫折，只要透過智慧，透過看見事物的實相，都可以超越。

因此，佛陀告誡我們要觀察與思惟，「思惟」是指只是嘗試去正確地了解問題，這便是我們的修行。生、老、病、死是最

自然平常的事，佛陀教導我們思惟這些事實，但有些人因不了解而說：「那有什麼好思惟的？」他們出生，卻不知生；他們會死，卻不知死。

反覆觀察這些事情的人，終將了解它們的本質。了解之後，就能逐漸解決自己的問題。即使還有執著，若有智慧了解老、病、死是自然之道，他就能解脫痛苦。我們研究「法」就只為了這個——治癒痛苦。

佛教的基礎並不複雜，只有生與死的苦，佛陀稱此為實相，生是苦，老是苦，病是苦，死是苦。人們不了解苦就是實相，若了解實相，就了解苦。

這種主觀的傲慢，這些爭論，都無止境。為了讓心安定與平靜，我們應思惟自己的過去、現在，以及為我們準備好的事——如生、老、病、死等，如何避免被它們折磨？我們或許可以不用太擔心，但應保持觀察，直到覺知它們的實相為止。那時，一切痛苦都會消除，因為我們將不再執著。

【注釋】

①輪迴 (saṃsāra)：眾生由其未盡之業，所以在六道中受無窮流轉之苦。泛指由一切有為法，或由心理與物質構成的世間。

②世俗諦 (sammuti sacca)：即世間共許的實相，唯有假名。例如杯子並非本來就是杯子，而是約定俗成的慣例。

③在泰國，頭部被看作是神聖的，碰觸他人的頭，通常被認為是種侮辱的行為。又依據傳統，男女不可在公共場合彼此觸摸。

④在泰國，一般人普遍認為被高僧摸頭是件吉祥的事。

⑤四種資具：維持比丘修行生活的四種物質條件，即衣服、飲食、臥具、醫藥。

慧

【第七章】無住

無論喜歡或討厭的感覺出現
都不可忘記修行

我們聽了某些教法，因無法理解便認為他們應該說些別的，所以我們不遵循它們。但事實上，一切教法都有它的道理，或許經典裡所說似乎不該如此，但它們就是如此。

起初，我甚至不相信坐禪，不了解只是閉眼坐著有何用處，還有行禪……，從這棵樹走到那棵樹，轉個身再走回來？「為什麼要這麼麻煩？」「這麼走到底有什麼用？」我這麼想。但事實上，行禪與坐禪都是很有用的。

有些人的性向偏好行禪，有些人則偏好坐禪，但兩者缺一不可。經中有提到四種姿勢──行、住、坐、臥，生活中充滿了這四種姿勢，我們可能喜歡其中一、兩個，但這四個一定都用得到。

他們說，要讓這四種姿勢「均衡」，讓修行平均分配於一切姿勢中。起初我想不出「讓它們均衡」是什麼意思，它是指睡兩個小時，然後站兩個小時，然後走兩個小時……是這樣嗎？

我試過了——卻辦不到，根本不可能！「讓姿勢均衡」並非那個意思，它指的是心，是我們的覺知，它必須要能在心中生起智慧，照亮內心！

智慧出現在一切姿勢中，我們必須經常覺知或了解，在行、住、坐、臥中，覺知一切心境都是無常、苦與無我的。讓姿勢如此均衡是可以辦得到的，並非不可能。無論喜歡或討厭的感覺在心中浮現，都不可忘記修行，我們是醒覺的。

若能持續不斷地專注於內心，就掌握了修行的要點。無論我們經歷世人所認為好或壞的心境時，都不會忘記自己，也不會迷失在好或壞之中。我們只要向前邁進，讓姿勢持續如此是可能的。

執著
正是苦的因

若持續修行，當我們受到讚歎時，它就只是讚歎；若受到責備，它就只是責備。我們的心不會為此而起伏，就待在這裡。為什麼？因為我們了解隱藏在這些事情背後的危險，能看見它們的結果。

我們應該經常覺知隱藏在讚歎與責備背後的危險。通常若我

們心情好，心也就跟著好，我們認為它們是相同的；若心情不好，心就同樣跟著不好，就討厭它。我們通常就是如此，這就是不均衡的修行。

若能經常覺知心情，並覺知自己正在執著它們，那就不錯了，雖然我們還是無法放下。那表示我們有覺醒，知道正在發生什麼事。我們看見自己執著好與壞，就覺知它。我們執著善，雖然知道這不是正確的修行，不過仍無法放下。這樣的修行已有六、七成了，那還不是解脫，但我們知道只要放下，就能達到平靜。我們持續看見一切喜歡與不喜歡，以及讚歎與責備的有害後果。無論情況如何，心一直保持這樣的狀態。

但對世俗人而言，若受到責備或批評，就會很沮喪；若受到讚歎，便會很高興。若知道各種心情的實相，知道執著讚歎與責罵的後果，那些執著任何一件事的危險，我們對自己的心情就會更加敏銳。

我們會知道，執著它們確實會造成痛苦。我們看到苦，並看見執著正是苦的因，我們開始了解執著好與壞的後果。我們執著過它們，看過其後果——沒有真實的快樂，因此，現在尋找放下的方法。

放下的方法
即不執著任何事物

「放下的方法」在哪裡？在佛教裡，我們說：「不執著任何事物」。我們經常聽到「不執著任何事物」！這並不表示說不能持有事物，而是我們不執著。例如這隻手電筒，「這是什麼？」我們質疑，所以拿起它。「哦！它是一支手電筒。」然後將它放下。我們就是這樣持有事物。

若完全不持有任何東西，我們能做什麼？我們無法行禪或做任何事，因此必須持有事物。確實，這是種渴愛，但它能帶領我們走向「波羅蜜」（德行或圓滿①），例如渴望來這裡。札格羅②法師來到巴蓬寺，首先他必須想來，若他不想來，就不會來到這裡。

每個人都一樣，來這裡是因為渴望，但當渴望生起時，不要執著它！因此你來，然後你回去……。「這是什麼？」我們將它撿起來看，並了解：「哦，它是一支手電筒。」然後放下它，這就稱為「持有而不執著」，我們能放下。我們覺知，然後放下，這可將之簡化為：「覺知，然後放下。」持續觀察與放下。「這個，他們說好；這個，他們說不好。」

覺知，然後放下。好與壞，我們一清二楚，但放下它。我們

慧

不會愚蠢地執著事物，只以智慧「持有」它們。在這樣的「姿勢」下修行，是可以持續的，你們必須經常如此。讓心如此覺知，讓智慧生起，一旦心擁有智慧時，還需要再尋找什麼呢？

我們必須完全無所求而修行

我們應反思到底在這裡做什麼。為何住在這裡？在找什麼？世人為了各種報酬而工作，但比丘們教導一些比那個更深入的東西。無論做什麼，我們都不求回報，不為報酬而工作。世人因想要各種東西而工作，他們希望有所得。但佛陀教導我們，工作就只是為了工作；除此之外，我們一無所求。

若你是為了獲得回報而做事，那會引起痛苦。你自己試試看！你想讓心平靜，所以坐下來，試著讓它平靜──你將會痛苦！試試看。我們的方式巧妙多了！我們去做某件事，然後便放下它。做，然後放下。

看看獻祭的婆羅門，他心中有些欲望，因此才會獻祭。那些行為並不會幫助他超越痛苦，因為他是在欲望上行動。起初，我們心中帶著一些欲望修行，持續修行但並未達成願望，因此繼續不斷地修行，直到達到「無所求而修行」為止，我們是為

了放下而修行。這點必須自己去了解，它很深奧。

　　也許我們修行是因為想達到涅槃——就憑這點，你根本到不了！想要平靜是自然的，但卻未必正確，我們必須完全無所求而修行。若完全無所求，那能得到什麼？什麼也得不到！凡有所得，皆是苦因，因此我們應「無所得而修行」。

心存利益而修行
永遠無法超越痛苦

　　這就稱為「讓心空寂」，它雖然空寂，但還是有作用。人們通常無法了解「空」，除非你接觸過它，並看見它的真實價值。它並非什麼都沒有的空無，而是它的自性是「空」的。例如這支手電筒，我們應了解它是「空」的，因為它的自性是「空」的。那不是無法看見任何東西的空無，並非這樣，這樣了解的人完全搞錯了。你們必須了解「空」，它是自性的「空」。

　　那些心存利益而修行者，就如獻祭的婆羅門，只是為了滿足欲望而已。他們就如那些前來看我，並祈求「聖水」加持的人，當我問他們：「你們為什麼想要聖水？」他們說：「我們想快樂與舒適地生活，且不要生病。」哈！那將永遠無法超越

痛苦。

　　世俗方式做什麼都是有所求的，都要有原因，要有回報，但在佛教中，我們做事並無所求。世間必須藉由前因與後果來了解事物，但佛陀教導我們要凌駕與超越因果。他的智慧不著兩邊：凌駕因，超越果；凌駕生，超越死；凌駕樂，超越苦。

我們一直活在「有」與「取」中
若不執取就手足無措

　　想想這點：無一處可以停留。我們每個人都住在一個家裡，離開家去別處，就沒有家了——我們不知該怎麼辦，因為我們一直都活在「有」與「取」中。若不執取，我們就手足無措。

　　因此，大部分的人都不願趨向涅槃，因為那裡什麼也沒有，完全沒有任何東西。看看這裡的天花板與地板，上方是天花板，那是個「住處」；下方是地板，那是另一個「住處」。但在天花板與地板之間的空間，卻沒有可以立足之處，人們可以站在天花板或地板上，卻無法站在那個空間之上。哪裡有「無住」，哪裡就有「空」，涅槃就是這個「空」。

　　人們聽到這個就會有點退縮，他們並不想去，因害怕看不到子女或親屬。所以當我們祝福在家人時，會說：「祝你們長

壽、美麗、健康、快樂。」這讓他們真的很高興。他們都說：「太好了！」他們就愛聽這套。但若你開始談「空」，他們就不想聽了，他們貪著於「住」。

你們是否看過任何一個老人，擁有美貌與充沛的精力，且非常快樂的嗎？不。但我們卻說：「長壽、美麗、健康、快樂。」且他們都樂此不疲。每個人都說：「太好了！」這就如為了滿足欲望而獻祭的婆羅門。

在修行中我們並不獻祭，不會為了得到回報而修行，我們一無所求。若還有所求，就是還有東西存在那裡，只要讓心平靜，並了結它。但我若如此說，可能會讓你們感到不太舒服，因為你們想要再次「出生」。

任何人只要修行 就能見到佛陀

你們所有在家修行者，應多親近比丘，並觀察他們的修行。親近比丘的意思就是親近佛陀，親近他的「法」。佛陀說：

阿難！多一點修行，長養你的修行！凡是見「法」者，就見到我；凡是見到我者，就見到「法」。

慧

　佛在哪裡？我們可能認為佛陀已活過且去世，但佛就是「法」
——實相。有些人喜歡說：「哦！若我生在佛陀時代，早就達
到涅槃了！」只有愚蠢的人才會如此說。其實佛陀還在這裡，
佛是實相，無論誰生或死，實相仍在這裡。實相從未曾與這世
間分離，它一直都在這裡。無論佛陀是否出世，或是否有人知
道它，實相依然存在。

　因此，我們應親近佛陀，向內尋找「法」。當達到「法」
時，就達到佛；看見「法」，就看見佛，此時一切疑惑都會斷
除。

　舉曲 (Choo) 先生為例。起初他並非老師，只是曲先生，當
他讀書並通過必要的升等考試後，便成為老師，大家都稱他
「曲老師」。他如何成為老師？透過研讀必修的科目。他去世
後，師資測驗仍然存在，任何人只要通過考試就能成為老師。

　成為老師的科目並未消失，就如實相一樣，覺悟實相讓佛陀
成為佛陀，因此佛陀還在這裡。任何人只要修行與見法，就能
見到佛陀。因此，別放逸！即使對小事也是如此。努力嘗試，
嘗試親近僧眾；修觀，你就會覺悟。好了，這樣就夠了。哦！
現在一定很晚了，有些人開始打瞌睡了，佛陀說過，不要對想
睡覺的人說法。

慧

【注釋】

①波羅蜜 (Pārami) 意譯為「到彼岸」，通常指菩薩之修行而言，由過去世乃至今生所累積的善業、功德等，能成就解脫的資糧。《清淨道論‧說梵住品》列舉十波羅蜜為：施、戒、出離、慧、精進、忍辱、諦、決意、慈、捨。

②札格羅 (Jagara) 法師當時是國際叢林寺 (Wat Pah Nanachat) 的住持，他帶領一群比丘與在家人去見阿姜查。國際叢林寺院是阿姜查於一九七五年，為教導對修行佛法有興趣的西方人所創建的道場，位於巴蓬寺附近。

慧

【第八章】正見——清涼地

修行之所以困難
在於執持邪見

「法」的修行違反我們的習氣，實相違背我們的欲望，因此修行起來才會有困難。有些我們認為錯的事可能是對的，而以為對的則可能是錯的。

為何會這樣？因為我們的心在黑暗中，看不清楚實相，什麼都不知道，才會受到人們謊言的愚弄。他們將對的說成錯，我們相信；而將錯的說成對，我們也相信。這是因為我們還不是自己的主人，經常受到心情的欺騙。我們不應以這顆心和它的想法作為嚮導，因為它並不知道實相。

有些人完全不想聽別人的，這並非智者之道，智者聆聽一切。聞法者無論喜歡與否，都必須同樣地傾聽，而非盲目地相信或不相信，必須保持客觀與中立，不能心不在焉。他們只是聆聽，然後思惟，最後才能得到正確的結果。

智者在相信所聽到的事情之前，應親自去思惟與了解其間的因果關係。即使老師說的是實相，也不要一味地相信，因為你

尚未親自覺知它的實相。

　　這對所有的人都是如此，我比你們還早開始修行，聽過許多謊言。例如：「這個修行真的很困難！」修行為什麼會困難？它之所以困難是因為我們的想法錯誤，我們持有邪見。

我們始終不平靜問題出在哪裡？

　　從前我和其他比丘同住，但感覺不太對勁。於是我逃離群眾，遠離比丘與沙彌們，跑到森林與山上去。我認為他們不像我一樣用功，他們太懶散了，某些人像這樣，某些人像那樣。這些事真的讓我困惑不已，遂成為我持續逃避的理由。

　　不過，無論是獨居或與人同住，我都靜不下來。我對自己不滿，也不滿意大團體，我認為這不滿是由於同伴、心情、住處、食物和天氣的關係——由於這個或那個，我一直在尋找適合內心的東西。

　　身為頭陀比丘，我四處行腳，但事情還是不對勁。「我該怎麼做才對？」我質疑，「我能做什麼？」和很多人共住，我不滿意；和少數人同住，我也不滿意。到底是為什麼？我就是不了解。

慧

我為會感到何不滿？因為我有邪見，如此而已，因為我還執著錯誤的「法」。無論去到哪裡，我都不滿，心想：「這個不好，那個不好。」有諸如此類的想法。我責怪別人，責怪天氣太熱、太冷，責怪一切！就如瘋狗遇到什麼就咬，因為牠瘋了。若心像這樣，我們的修行就永遠無法安定下來。今天覺得好，明天又不好，我們一直都如此反反覆覆，達不到滿足或平靜。

佛陀有次看見一隻豺狼或野犬跑出森林。牠先是站著不動，不久之後，跑進矮樹叢中，躺下片刻，再跑出來。接著跑進樹洞中，再出來，然後跑進巖穴中，又再跑出來。牠才靜立了一分鐘，下一分鐘便跑起來，然後躺下來，接著又跳起來……。原來那隻豺狼患有疥癬！

當牠站著不動時，感到很癢，因此便奔跑；奔跑時，牠還是不舒服，因此又停下來。由於站著不舒服，所以牠又躺下來，然後再跳起來，跑進矮樹叢與樹洞中，永遠都無法安定下來。佛陀說：

比丘們！你們今天下午有看到那隻豺狼嗎？無論站著、奔跑、坐著或躺下，不管在矮樹叢、樹洞或巖穴中，牠都感到痛苦。牠

責怪站著讓牠不舒服，又責怪坐著，責怪奔跑與躺下；牠責怪矮樹叢、樹洞與巖穴。其實問題和這些事都無關，那隻豺狼病了，患有疥癬，問題是出在疥癬上。

心中有邪見
無論到那裡都不滿

我們就如那隻豺狼，由於邪見才會感到不滿，我們不練習根律儀①，遂將痛苦歸咎於外在環境。無論住在巴蓬寺、美國或倫敦，我們都不滿意。不管是去住在國際叢林寺 (Wat Pah Nanachat)，或任何其他分支寺院，我們也都不滿足。為什麼不滿？因為我們的心中還存有邪見，無論去到哪裡，我們都不會滿意。

但就如那隻豺狼，一旦牠的疥癬痊癒，無論去到哪裡，牠都會很滿意。我經常反省這點，並經常教導這點，因為它非常重要。若我們知道各種心情的實相，就會比較容易滿足。無論是熱或冷，不管是和很多或很少的人在一起，我們都能知足。知足的關鍵不在於和多少人同住，而是完全在於正見。

但我們多數人都持有邪見，就如一隻蛆，蛆的住處很髒，牠的食物也很髒，但卻是最適合它的，若你拿根棍子將牠從糞堆

撥開，牠會奮力掙扎爬回裡面。

同樣地，當阿姜教導要有正見時，我們會抗拒，它讓我們覺得不舒服。我們溜回自己的「糞堆」，因為那裡才有家的感覺，我們都是如此！若不了解一切邪見的弊害，就無法捨棄它們，修行也會變得很困難。

若有正見，則無論身在何處都會很滿足。我已如此修行，並看清這些事。如今許多比丘、沙彌與在家眾來看我，若我還不了解，若還有邪見，我早就被煩死了！比丘們正確的住處——清涼地，就是正見本身。除此之外，不應尋找其他的東西。

心不取著苦與樂 就能抵達涅槃的大海

因此，即使你們不快樂，沒關係，這不快樂也是無常的。難道那不快樂是你的「自性」嗎？它有任何固定不變的實體嗎？是真實的嗎？我一點也不認為它是真實的。不快樂只是瞬間即逝的感覺。瞧！它出生，然後死亡。喜愛也只出現片刻，然後就消失。愛、恨或憤慨可能一直持續嗎？

事實上，根本沒有任何不變的實體，它們只是心中一閃即逝的法塵。它們一直都在欺騙我們，沒有任何東西是確定不變

慧

的。就如佛陀所說，當痛苦生起時，它短暫停留，然後就消失。當痛苦消失時，快樂生起，短暫停留，然後又消失。當快樂消失時，痛苦再次生起……如此輾轉不已。

我們最後只能這樣說：除了痛苦的生、住與滅的過程之外，什麼也沒有，如此而已。但愚昧無知的我們，卻經常追逐與執著它，永遠看不到無常的實相。若了解這點，無須想太多，我們就可以很有智慧。但若不了解，我們的妄想就會多於智慧──甚至可能完全沒有智慧！除非我們真的看到錯誤行為的弊害，並放棄它們，否則情況不會改善。同樣地，除非我們看到修行的真實利益，並遵循它，積極投入修行，使心變好，否則也不會有智慧。

若砍下一段木頭拋入河裡，若它不沈下去，或卡在河岸，它終究會抵達大海。修行也是如此，若你們依照佛陀指示的道路修行，亦步亦趨，就能超越兩件事──耽著欲樂與耽著苦行。它們是河的兩岸，這邊是愛，那邊是恨，或這邊是快樂，那邊是痛苦。

木頭就是這顆心，當它在河裡漂流時，會經歷快樂與痛苦，若心不執取樂與苦，就能抵達涅槃的大海。你們應了解，除了苦與樂的生滅之外，什麼也沒有。若不被卡在兩端，你們就是

走在真實禪修者的中道上。

　這是佛陀的教導。樂與苦、愛與恨，都只是我們所設立的假象。智者不遵循或鼓勵它們，他們不執著它們。這是放下耽著欲樂與耽著苦行之心，是正確的修行，就如那段木頭最後會流入大海，不執著兩端的心也必然能獲得平靜。

【注釋】

①防護感官的戒即所謂的「根律儀」，例如當眼見色時，以正念防護眼根，不讓貪等煩惱入侵而受到繫縛，即是「眼根律儀」。其他五根的防護亦然。

【第九章】我們真正的家

針對一位臨終的老人、她的家人與看護者們的一段開示

現在請下定決心，恭敬地聞法。當我在說話時，注意我的話，就如佛陀本人正坐在你面前一樣。閉上眼睛，讓自己保持舒適，安定你的心，讓它專注於一點。謙虛地允許智慧、實相與清淨的三寶安住在你的心中，以此向圓滿的覺者致敬。

即使佛陀也無法避免死亡

今天我沒有帶任何物品來送你，只有「法」——世尊的教導。你應該了解，即使擁有廣大福德的佛陀，也無法避免身體的死亡。當他年老時，他交出身體，放下沈重的包袱。現在，你也必須學習對依賴多年的身體感到滿足，你應該覺得它已經夠了。

想想你已使用很久的器皿——杯子、碟子與盤子等，當你初次得到它們時，它們是如此光亮潔淨，如今在長期使用之後，已開始陳舊。有些破了，有些不見了，剩下的也都磨損了，它

慧

們已不復昔日的光采，而這正是它們的本質。

　　你的身體也是如此，從出生那天起就一直在變化，經過童年、青少年，現在到了老年，你必須接受這事實。佛陀說一切諸行，無論是內在的或外在，都是無自性的，它們的本質就是變化。請清楚地思惟這實相。

　　躺在這裡逐步毀壞的臭皮囊，是真實法。這身體的事實是「真實法」，是佛陀無盡的教導，他教導我們思惟這點，並了解它的本質，無論在任何情況下，都應能保持身體平靜。佛陀教導我們，應確保只有身體被囚禁，別讓心也和它一起被禁錮。

　　現在你的身體開始走下坡，並隨著年齡逐步惡化，別抗拒，但也別讓心跟著沈淪。讓心超然獨立，藉由了解事物實相，給心能量。佛陀教導我們，這是身體的本質，法爾如是。一旦有生，就會有老、病與死，你正在見證這偉大的實相。以智慧觀察身體，並了解這點。

　　若你的房子淹水或焚毀，讓那威脅只及於房子。若有水災，別讓它淹到心；若有火災，也別讓它燒到心。就只讓外在的房子被淹沒或焚毀。現在，該是讓心放下貪著的時候了。

　　你已活得頗久了，眼睛看過形形色色，耳朵聽過許多聲音，你經歷過各種經驗，而這一切就都只是經驗而已。你曾吃過許

多食物，而美食就只是美食，壞味道就只是壞味道，如此而已。若眼睛看見美麗的外貌，它就只是美麗的外貌，醜陋只是醜陋；耳朵聽到悅耳動聽的聲音，它就只是如此而已，刺耳的噪音也是如此。

一切隨因緣在變化
你還想怎麼樣？

佛陀說無論貧或富、老或少、人或動物，在這世上沒有任何生命能永遠維持在一種狀態上。一切事物都得經歷變化與耗損，這是個無可奈何的生命實相。

不過，佛陀說我們能做的就是觀察身與心，以便了解它們的無自性，了解它們既非「我」，也非「我的」。它們只是暫時存在而已。就如你的房子，只是在名義上屬於你，你無法帶著它到任何地方去。你的財富、資產與家庭也是如此——它們只是在名稱上屬於你而已，並非真是你的；它們屬於自然。

這實相不只適用於你而已，每個人的情況都一樣——甚至包括佛陀與聖弟子們。他們只有一點和我們不同，他們接受事物的實相，了解「法爾如是」的道理。

因此，佛陀要求我們徹底觀察這身體，從腳底到頭頂，再從

慧

頭頂到腳底，反覆觀察。看看這身體，你看到什麼？有任何東西是原本清淨的嗎？你能找到任何不變的實體嗎？整個身體都在穩定地衰退。

佛陀教導我們，要了解它並不屬於我們所有。身體變得如此是很自然的，因為一切都隨因緣在變化，你還想要它怎樣呢？事實上身體老化並沒有錯，不是身體造成痛苦，而是你錯誤的想法。當以錯誤的方式看事情時，你就會有困惑。

就如河水自然往低處流，那是它的本質。若人站在河岸，希望河水能往高處流，那是癡心妄想。無論到哪裡，愚蠢的想法都會讓他們的心得不到平靜，他們會痛苦，是因為邪見，那些想法違背自然。若他們持有正見就會了解，水一定是往低處流，除非了解並接受這事實，否則他們就會感到困惑與沮喪。

讓呼吸成為唯一的所緣

河水一定是往低處流，就如你的身體。你的身體曾經年輕，現在衰老，並緩步邁向死亡，別想會有任何奇蹟，那是你無力改變的事。佛陀告訴我們，看清事物的實相，然後放下你對它們的執著，將放下的感覺當作你的避難所。持續禪修，即使感

慧

到疲倦或筋疲力盡也要持續，讓心和呼吸在一起。先深呼吸幾次，然後將注意力放在呼吸上，並念 Bud-dho，讓這修行持續。你愈感到筋疲力盡，禪定就應愈微細與集中，如此你才能對付任何生起的疼痛感。當開始感到疲倦時，暫時中止一切念頭，讓心自行重整，然後再回來注意呼吸，只要持續在心裡默念 Bud-dho、Bud-dho……。

放下外在的一切，別掛念子女與親屬；別執著任何東西，只是放下。讓心集中於一點，安住在呼吸上，讓呼吸成為你唯一認知的所緣，持續專注，直到心變得愈來愈微細，直到感覺已無關緊要，且內心變得非常清楚與覺醒為止。然後，所有的疼痛感都會逐漸自然消失。

觀察入息與出息，就如它們是來拜訪你的親戚。當親戚離開時，你跟著他們出去，並看著他們離開，你一直看到他們離開視線，才回到門裡。我們觀察呼吸的方式也是如此，若呼吸很粗重，知道它很粗重；若它很微細，知道它很微細。當它變得愈來愈細時，持續跟著它，在此同時要使內心覺醒。

最後，呼吸會完全消失，只剩下清醒的感覺，這就稱為「見佛」。我們所具有清晰與警醒的覺性，就稱為「佛」(Buddho)——「覺知者」，或覺醒者、光明者，這就是以智慧與洞見，

慧

和佛陀相遇與共住。去世的只是歷史上的佛陀，真實的佛陀
──清晰而光明的覺知者，今日仍可以被體驗與達到。若確實
達到它，心就和佛合而為一。

除了覺知之外
放下一切

因此，放下吧！除了覺知之外，放下一切，別被禪修期間心
裡的影像或聲音愚弄。放下它們，別執著任何東西，只要在
「一境性」中保持覺知。無須擔心過去或未來，只要靜止，就
會達到不進、不退與不住的境界，那裡沒有任何貪愛或執著。
為什麼？因為沒有自我，沒有「我」和「我的」，一切都沒
有。佛陀教導要如此空掉一切，別執著任何東西。覺知，覺知
之後，放下。

覺悟「法」，就是解脫生死輪迴之道，是我們必須獨自完成
的工作。因此，你要嘗試放下與了解教法，專精於思惟，別擔
心家庭，此刻他們就是他們，未來他們也會和你一樣，這世上
沒人能逃避這命運。佛陀教導我們放下虛妄的事物，若放下一
切，你就會看見實相；若放不下，你就看不見。事實就是如
此，對世上的每個人來說都一樣。因此，別執著任何東西。

　　若你發現自己在想，那也無所謂，只是要明智地想，別愚昧地想。若想的是子女，要以智慧而非無明去想。無論心轉向什麼，都以智慧去想它，清楚覺知它的本質。若以智慧去覺知事情，就會放下它，而不會有痛苦。這時，心是光明、喜悅與平靜的，是專注與統一的。現在可以幫助與支持你的，就是你的呼吸。

　　這是你自己的工作，沒有任何人可以代勞。讓別人去做他們的事，你有自己的責任與義務，無須背負家庭。無牽無掛地放下一切，這會讓心安定，你現在唯一的任務就是集中心，讓它平靜下來。將其他的事都留給別人，色、聲、香、味──全都留給別人去關心。

　　拋開一切，專心做好自己的工作，完成你的職責。無論心中出現什麼，不管是怕痛、怕死、掛念別人或任何其他事，對它說：「別來煩我！你不再是我所關心的事。」當你看見那些「法」生起時，只要持續如此地告訴自己。

真正的家
是內在的平靜

　　「法」①這字是指什麼呢？所有的東西都是「法」，沒有任

慧

何東西不是「法」。那麼「世間」呢？世間是此刻正在煩擾你的心境。「這些人會怎麼做？我走了之後誰來照顧他們？他們會怎麼處理？」這些就是「世間」，甚至只是生起怕死或怕痛的念頭也是世間。

拋開世間！世間就是如此。若你讓它主宰意識，心就會變得模糊不清，看不清楚自己。因此，無論心中出現什麼，都只要說：「這不關我的事。它是無常、苦與無我的。」

想像活很久，將會讓你很痛苦；但想像很快或立即就會死，也不對，那也是苦，不是嗎？諸行並不屬於我們，它們遵循自己的自然法則。對於身體會變成怎樣，你是莫可奈何的，只能稍微美化它，讓它暫時看起來漂亮一點，就如少女們塗口紅與留指甲，但人一衰老，大家的處境都相同。身體就是如此，無法讓人稱心如意。然而，你可以改進與美化的是這顆心。

任何人都可以蓋木頭或磚頭房子，但佛陀說，那種家並非我們真正的家，它只是在名義上歸屬我們，它是世間的家，得遵循世間的方式。

我們真正的家，是內在的平靜。外在與物質的家可能很漂亮，但它並不平靜，充滿種種憂慮，因此並非真正的家。它對我們而言是外在的，遲早必須放棄它，它不是能永久居住的地

方，因為它並非真正屬於我們，它屬於世間。

身體也是如此，我們將它當作自己，當成「我」或「我的」，但事實上，它完全不是如此，它只是另一個世間的家。身體從出生開始，就一直在遵循它的自然軌跡，現在它衰老、生病，你無法禁止它，它就是如此。希望它有所不同，就如希望鴨子會變成雞。

當了解那是不可能時──鴨就是鴨，雞就是雞，身體一定會衰老與死，你就會得到勇氣與活力。無論你多麼希望青春永駐，它就是辦不到。

一出生就注定死亡

佛陀說：

諸行無常
是生滅法
生滅滅已
寂滅為樂②

諸行指的是身與心，它們是無常與不穩定的，存在之後就會消失，有生就有滅，不過每個人卻都希望它們是永恆的，這是很愚蠢的。看看呼吸，有進就有出，那是它的本質，它必須如此。入息與出息必須輪替，一定要有變化。

諸行透過變化而存在，你無法阻止它。試想，你能吐氣而不吸氣嗎？這樣的感覺會好嗎？或你能只吸氣而不吐氣嗎？我們希望事物永恆，但辦不到，那是不可能的。一旦吸進來，就一定得呼出去，當它出去後，又會再回來，那很自然，不是嗎？

出生之後，我們就會變老，然後死亡，這是再自然與正常也不過的。那是因為諸行已完成它們的工作，入息與出息如此輪替，所以人類今日才能依然存在這裡。

我們一出生，就注定要死亡，生和死是同一件事。就如一棵樹，有根就有枝，有枝就一定有根，你無法只有其中一個而無另一個。看到人們對死亡如此哀傷與惶恐，對於出生則興高采烈，會覺得有點好笑，沒人能看清楚這點。

我認為若你真的想哭，最好是在有人出生時哭。生即死，死即生；枝即根，根即枝。若你一定要哭，就對著根哭，對著生哭。仔細看：若沒有生，就不會有死。你能了解這點嗎？

不要太擔心，只要想：「法爾如是。」這是你的工作，你的

職責。現在沒人能幫你，你的家庭與財產也幫不上忙，唯一能幫你的就是正知。

因此，別再猶豫了。放下，拋開一切！

世上找不到平靜之處 除非回到真正的家

即使你放不下，每件事仍會漸漸離你而去。你能看見全身各部位都在悄悄地衰退嗎？看看頭髮，當你年輕時，是多麼烏黑亮麗，現在已脫落，它正在消逝。過去你有明亮的雙眸，而今逐漸衰弱，你的視線變得模糊不清。當時間一到，你的器官就開始離開，因為這不是它們的家。

當你幼年時，牙齒健康而堅固，現在它們搖搖欲墜，可能你早已裝上假牙。你的眼、耳、鼻與舌等都在試圖離開，因為這不是它們的家。你無法打造一個永遠健康的家，你只能短暫停留，然後就必須離開。好比房客，以衰弱的眼睛，注視他那間簡陋的小房子，他的牙齒不再堅固，眼睛不再明亮，身體已不再健康，所有東西都在離開。

因此，你無須擔心任何事，因為這並非你真正的家，它只是個暫時的避難所。既然來到這世上，就應思惟它的本質，每件

事都正在準備離開。看看你的身體，有什麼還保持著它的原樣嗎？皮膚仍如過去嗎？頭髮呢？它們都不同了，不是嗎？

　　所有東西都到哪裡去了呢？這是事物的本質，它就是如此。當時間一到，諸行就會各行其道。在這世界上，沒有任何東西值得信賴──它只是混亂、麻煩、歡樂與痛苦無盡的循環，永無平靜。

　　當沒有真正的家時，我們就如漫無目標的旅人四處漂泊，在一處短暫停留後，就再度啟程。除非回到我們真正的家，否則不會感到自在，就如離鄉的旅人，只有回到家時，他才能真正感到放鬆與平靜。

　　在這世上，無法找到真正平靜的地方。無論貧窮或富有、成人或小孩，都得不到平靜；不只教育程度低的人沒有平靜，受高等教育的人也是如此。任何地方都沒有平靜，那是世間的本質。不只財產很少的人痛苦，財產很多的人也同樣痛苦，無論男女老少，每個人都痛苦。年老苦、年輕苦、富有苦、貧窮也苦──一切皆苦。

只要還未見到實相
我們就仍未回家

當你如此思惟時，就會看見無常與苦。事物為何會無常與苦呢？因為它們都是無我的。

包括你這生病的身體與覺知病痛的心，都稱為「法」。凡是無形的思想、感受與認識，都稱為「名法」③；受病痛所苦的身體則稱為「色法」，物質與非物質都是「法」。

因此，我們與「法」同在，我們活在「法」中，我們就是「法」。其實，根本找不到一個自我，只有「法」持續生滅。每個剎那我們都在出生與死亡，法爾如是。

關於世尊，我們應如此想，只要他的說法有多真實，他就有多值得尊敬。即使從未修行，只要我們看見事物的實相，就看見他教導的「法」。反之，雖然我們知道教法，並加以研究與修行，但只要還未見到實相，我們就仍未回家。

持續放下
直到心抵達平靜

因此，請了解這點。一切人或生物都在準備離開，大限一到，都必須各奔前程，無論是富人、窮人、年輕人或老人，都一定得經歷這變遷。

當你了解這世間的實相時，就會覺得它是個無聊的地方。當

你明白沒有真實與固定不變的事物可供倚賴時，就會對這世間感到厭倦而不抱幻想。不抱幻想並非指嫌惡，心是清楚的，它了解這事實是無可挽回的，是世間的實相。如此覺知後，你就能放下貪著，以不卑不亢的心放下，透過智慧，看見諸行變化的本質，而得到平靜——諸行無常。

無常即是佛，若我們真的看見無常法，就會看見無常的常性——變遷的現象是不變的。這是眾生所擁有的常性：從童年到老年持續的轉變，這無常性與變易性是恆常不變的。若如此觀察，心就會很自在，當你如此思惟時，就會認為它們很無聊，而不會對它們抱有任何幻想，對世間欲樂的喜好就會消失。你將會了解，若擁有的多，則必須拋開的就多；若擁有的少，則必須拋開的就少。財富就只是財富，長壽就只是長壽，它們並沒有任何特別。

重點在於，我們應照著佛陀教導的方式去做，建立自己的家，使用我向你解釋的方法去建設它，建立你自己的家。放下，持續放下，直到心抵達不進、不退與不住的平靜為止。歡樂與痛苦都不是你的家，兩者都會衰退與消逝。

佛陀了解，一切諸行都是無常的，因此，教導我們放下對它們的貪著。當走到生命的盡頭時，我們別無選擇，都得撒手。

所以在此之前，先把事情放下不是比較好嗎？它們只是我們所背負的重擔，為何不現在就將負擔放下？放下，放輕鬆！讓你的家人來照顧你。

「法」的價值是永恆的
讓你永遠受用不盡

照顧病患者會增長善與福德，給人機會的病患，不應增添他們的麻煩。若有疼痛或其他問題要讓他們知道，並保持心理健康。照顧病患者應讓自己的內心充滿溫暖與和善，別陷入瞋恚中，這是你們回報他們的機會。從出生、童年到長大成人，你們一直都依賴父母，今天能在這裡，都是因為父母無微不至的照顧，你們虧欠他們的實在太多了。

今天所有子女與親屬都聚集在此，看到母親如何變成你們的小孩，從前你們是她的小孩，現在她變成你們的小孩，她愈來愈老，直到她再度成為小孩為止。她的記憶力衰退、視力模糊，且耳朵也失靈。有時她的話顛三倒四，別讓它攪亂你們。

照顧病患的你們一定也要知道如何放下，別堅持己見，要尊重她的意思。當小孩不聽話時，有時父母親會睜一隻眼、閉一隻眼，以維持和樂的氣氛。現在母親就如那個小孩，她的記憶

與知覺都混淆了，有時會叫錯你們的名字，或想要盤子卻請你們拿杯子，這很正常，別因它而心煩意亂。

病人應記住照顧者的仁慈，他們耐心地承擔苦受。在你自己的心地上用功，別讓心散亂，且別增加照顧者的負擔，讓善德與仁慈充滿那些照顧者的心。別憎惡那些令人厭惡的工作，如清理痰液、尿液與排泄物等。盡你們所能，家中的每個人都應盡自己的一份力量。

你們只有一個母親。她給你們生命，她曾是你們的導師、良醫與護士──她曾是你們的一切。她善盡父母的職責，將你們撫養長大，與你們分享她的財富，並讓你們成為她的繼承人。所以，佛陀教導要知恩與報恩，這兩者是互補的。若父母困乏、生病或有難，我們都應該盡全力幫助他們，這就是知恩與報恩，是維繫世間的美德。它能使家庭免於破碎，而獲得穩定與和諧。

今天，在你生病的時刻，我帶來一份「法」的禮物。我沒有任何物質上的東西可以獻給你，在這間屋子裡，似乎已有許多那樣的東西。因此，我給你「法」，它的價值是永恆的，讓你永遠受用不盡。收到它之後，你可以隨意將它轉贈給其他更多的人，它永遠不會減少，那是實相的本質。

　　我很高興能帶給你這份「法」的禮物，並希望它能給你對抗痛苦的力量。

【注釋】

①法 (dhamma)：現象或心境。請參考名法 (nāma-dhamma)、真實法 (sacca-dhamma)、有為法 (saṅkhata dhamma)、戒法 (sīla-dhamma)、世間法(worldly dhammas)。

②傳統上於葬禮唱誦的偈子。

③色法 (rūpa-dhamma) 與名法 (nāma-dhamma)：色法指物理現象，名法指心理現象，兩者即指五蘊。五蘊中的色蘊屬於色法，受、想、行、識四蘊則屬於名法。名法又可稱為「心法」。

慧

【第十章】四聖諦

人們想要到達涅槃
却不願踏上解脫之道

　　如今我當老師已好幾年了，也經歷過許多困難的考驗。現在巴蓬寺大約有四十座分院①，但至今我仍有難以教化的信眾。有些人知道如何修而不肯修，有些人不知道也不設法尋找，我真拿他們沒辦法。為何會有這種人？無知就已夠糟了，即使我告訴他們，他們也不肯聽，我不知還能怎麼做。

　　人們對他們的修行充滿困惑，一直都在懷疑，都想到達涅槃，却不願踏上解脫道，那是矛盾的。當我告之要禪修時，他們若不是會恐懼，就是想睡覺，大都只想做我不教的事。當我告訴其他法師時，原來他們的弟子也是如此，這是身為老師的痛苦。

　　我今天送給你們的教導，是能在此世、當下解決問題的方法。有些人說他們有太多的工作要做，沒時間修行。「我們能做什麼？」他們問。我告訴他們禪修就如呼吸，工作時呼吸，睡覺時呼吸，坐下來時也呼吸。我們有時間呼吸，因為我們了

慧

解呼吸的重要。同樣地，若了解禪修的重要，我們就會找到時間修行。

知道苦與滅苦之道
就能解決問題

你們曾痛苦嗎？曾快樂嗎？實相就在其中，那裡就是你們應修行的地方。是誰在快樂？是心在快樂；是誰在痛苦？是心在痛苦。它們從哪裡生起，就在那裡消逝。這些事物的因是什麼？這是我們的問題。若我們知道苦、苦因、苦滅與滅苦之道，就能解決問題。

有兩種苦：一般的苦與特別的苦。一般的苦，是諸行本具的苦——站著是苦，坐著是苦，躺著也是苦，即使佛陀也經歷這些事。他經歷舒適與痛苦，但知道它們本質上是諸行，知道如何透過了解它們的真實本質，以克服這些自然的苦受與樂受。因為了解這「自然之苦」，所以那些感受不會攪亂他。

最重要的苦是第二種苦——特別的苦，是從外在衍生而來的苦。若我們生病，可能必須找醫生打針，當針刺進皮膚時會有點痛，那很自然。當針拔出來後，疼痛就消失了。這就如一般的苦，沒有問題，每個人都會經歷它。特別的苦是從「取」②

慧

當中生起，就如以充滿毒液的針頭注射，它不再是一般的疼痛，而是種會致命的痛苦。

不知「諸行無常」的邪見，是另一個問題。有為法③是輪迴的領域，不希望事情改變──若我們如此想，就一定會痛苦。若認為身體就是「我們」或是「我們的」，當看到它改變時，我們就會害怕。假設失去某樣東西，若認為它真的是我們的，就會為此而憂傷。若我們不了解它是遵循自然法則的有為法，就會感到痛苦。

但你們若只吸氣而不吐氣，或只吐氣而不吸氣，能活得了嗎？有為法一定會如此自然地改變。看見這點，就是看見「法」，看見無常、變化。我們依賴這變化而活著，當知道事情的實相時，就能放下它們。

「法」的修行是 開發對實相的了解

「法」的修行是開發對實相的了解，以使痛苦不再生起。若我們錯誤地思考，就是在和世界、「法」、實相作對。假設你生病必須住院，多數人想的是：「請別讓我死，我希望趕快好起來。」這是錯誤的想法，它會帶來痛苦。

慧

你必須這麼想：「若我會康復，就康復；若會死亡，就死亡。」這才是正確的想法，因為你無法完全控制諸行。若如此想，則無論你將死亡或康復，都不會走錯路，無須擔心。一心渴望康復與恐懼死亡——這是不了解諸行的心。你應想：「若我康復，那很好；若未康復，那也無妨。」我們就如此地讓自己了解實相。

佛陀清楚地看見這一切，他的教導一直都切合時宜，永遠不會過時，至今依然和過去一樣真實。只要將這教導謹記在心，我們就能獲得平靜與喜悅的回報。

他的教導中有對「無我」的省察：「這既非我自己，也非屬於我所有。」但人們因貪著自我的概念，而不喜歡這種教導。這就是痛苦的起因。

無論心是快樂或悲傷
都別上當

一位婦人問我如何對治憤怒。我告訴她，下次生氣時將鬧鐘轉上發條放在面前，然後給自己兩個小時，讓憤怒離開。若那真的是「她的」憤怒，也許就能如此地叫它離開：「兩小時之內給我滾蛋！」

慧

　但它並不真的聽令於我們。有時過了兩小時，它還在那裡；有時不到一小時，它就不見了。執著憤怒為個人所有，會造成痛苦，若它真的屬於我們，它就必須服從我們。它不服從我們，就表示那只是個騙局，不要上當。無論心是快樂或悲傷、愛或恨，都別上當。一切都是騙人的！

　當你憤怒時，那個感覺是好的或不好的？若感覺不好，你為何不將它拋開？當執著它時，你怎能說自己是明智的？從你出生那天起，這顆心騙你生氣了多少次？有時它甚至可能引起全家爭吵，或害你整晚哭泣。但你仍持續地發怒，依然陷入執著與痛苦，若未看見痛苦，你就會繼續痛苦下去。若你看見憤怒的痛苦，那麼就拋開它。若你不如此做，它就會繼續無限期地引發痛苦，輪迴的世間就是如此。若我們知道實相，就可以解決這些問題。

　佛陀的教導裡說，沒有比看見「這既非我，亦非我的」更好的解決痛苦的方法。這是最棒的方法，但我們通常都不關心這點。當痛苦生起時，我們只會哭，而未從它身上學到任何東西，我們必須好好地看看這些事，以長養覺性 (Buddho)——「覺知者」。

慧

你無法
在書架上找到「法」

現在，我打算給你們一些經典以外的「法」。多數人讀經卻未見到「法」，可能是誤解或不了解。

假設兩個人同行，看見一隻鴨與一隻雞。其中一人說：「為什麼雞不能像鴨，而鴨不能像雞。」他們的希望是不可能的。他們可能希望在往後的日子裡，雞都變成鴨，鴨都變成雞，而這永遠無法實現，因為雞就是雞，鴨就是鴨。只要他們如此想，就一定會痛苦。另一個人了解雞就是雞，鴨就是鴨，事實就是如此，沒有問題。

同樣地，無常是指一切事物都無法持久。若希望事物永遠不變，你就會痛苦。了解事物「理所當然是無常」的人，會比較自在，與世無爭。反之，希望事情永恆的人則容易起衝突，甚至可能會為此而憂心失眠。

若你希望覺知「法」，會往哪裡尋找？你必須往身心內去觀察，你無法在書架上找到。真的想見「法」，必須向內觀察身與心——只有這兩樣事物。心是肉眼看不到的，它必須用「心眼」去看，「法」在身內，只有在身內才能看見。

我們以什麼看身體呢？以心去看身體。你看任何地方都找不

慧

到「法」，因為苦與樂都從這裡出生。或你曾看過快樂在樹上出生？或從河流，或天氣？快樂與痛苦，都是在我們身心之內出生的感受。

「法」只存在於我們的身心之中

因此，佛陀告訴我們，就在此覺知「法」。有人可能告訴你們從書本中去找「法」，若你們真的以為「法」在書本中，將永遠找不到它。若你在書本中尋找，則一定要向內省察那些教導。唯有如此，才可能了解「法」，因為它只存在於我們的身心之內。

當我們如此做時，智慧就會在心中生起。此時無論看哪裡，都有「法」，隨時都能看見無常、苦與無我。但我們不了解這點，一直將事情看成是「我們」或「我們的」，這意味著我們不了解世俗諦。

例如，在座所有的人都有名字，名字是個世俗法，有名字當然很有用。甲、乙、丙、丁四個人，每個人都一定要有個名字，以利溝通與共事。若我們對甲先生說話，可以呼叫甲先生，他就會過來，而不會是別人，這就是世俗法的方便。但當

我們深入檢視這件事時，就會了解其實並無任何人在那裡。我們將看見超越的一面（勝義諦），只有地、水、火、風四界，這身體就是如此而已。

每個人都只是
地、水、火、風的組合罷了

但我們因為「我語取」④的緣故，並不如此了解。若我們仔細看就會了解，並沒有真實不變的「人」。固體的部分是地界，液體的部分是水界，和能量流一起循環全身的空氣與氣體是風界，提供熱能的部分則是火界。當地、水、火、風聚合時，它們就被稱為「人」。當我們解析事物，了解只有這四界時，哪裡找得到「人」？

所以，佛陀說沒有比了解「這既非我，亦非我的」更高的修行。「我」與「我的」都只是世俗法，若我們如此清楚地了解每件事，就會平靜下來。若能在當下了解無常與無我，則當事物分崩離析時，我們就能平靜以對，它們只是地、水、火、風四界而已。

要了解這點很困難，不過它並未超出我們的能力範圍。若我們成功，就能知足，貪、瞋、痴將會減少，心中一直都會有

慧

「法」，沒必要嫉妒與惱怒，因為每個人都只是地、水、火、風罷了，如此而已。當接受這事實之後，我們就會看見佛陀教導的實相。

若能看見佛陀教導的實相，我們就無須那麼多的老師，也無須每天聞法！當我們了解時，只做需要做的事。但讓人們難以接受教導的原因，是他們不接受教法，且和老師與教法爭辯。在老師面前，他們表現得還可以，但在他的背後，就變得像賊一樣！在泰國，人們就是如此，所以他們需要那麼多的老師。

看見無常、苦、無我
痛苦就會止息

若你們不注意，就見不到「法」。你們一定要謹慎，秉持教法並好好地思惟。這朵花漂亮嗎？看得見它內在的醜陋嗎？它的漂亮能持續多久？之後它看起來如何？它為何有如此的轉變？三、四天後，當它失去美麗時，你們還會喜歡它嗎？人們都貪愛美麗與美好的事物，無可救藥地迷戀美好的東西。

佛陀告訴我們，看美麗的事物就只是美麗，別貪著它們；若有舒適感，也不應貪戀。美好與美麗都是不確定的，無任何東西是確定的，這就是實相。事物都不是真實的，都會變化，如

同美麗。美麗擁有的唯一實相，就是它的經常變易性。若我們相信事物真是美麗的，當美麗消逝時，心也失去它的美；當事物不再美好時，心便失去它的美好。

我們就是如此，將自己的心「投資」在物質的事物上。當它們毀壞或破滅時便會感到痛苦，因為我們執著它們是自己的。佛陀告訴我們，應了解這些事都只是本質的概念，美麗出現後，很快就會消逝，了解這點便是擁有智慧。

若認為某樣東西很漂亮，應告訴自己它不是；若認為某樣東西很醜，也應告訴自己它不是。試著如此看事物，經常如此省察，我們就會在不真實的事物裡看見真實，在不確定的事物裡看見確定。

今天我已解釋了了解苦、苦因、苦滅與滅苦之道的方法。當你們覺知苦時，應拋開它；覺知苦因，也該拋開它；修行，以看見苦滅。只要看見無常、苦與無我，痛苦就會止息。

只要你想覺悟
就永遠無法覺悟

修行是為了什麼？我們修行的目的，是為了捨棄，而不是為了獲得。一位婦人告訴我她很痛苦，當問她想要什麼時，她說

想要覺悟。「只要你想覺悟，」我回答，「你就永遠無法覺悟，別想得到任何東西。」

當知道痛苦的實相時，就會拋開痛苦；當知道痛苦的原因時，就不會去造那個因，反而會修行以去除痛苦的因。導致苦滅的修行，就是了解「這既非我，也非我所有」，如此的了解有助於苦的止息。就如抵達目的地，然後停止，那就是「滅」——趨入涅槃。

換句話說，前進是苦、後退是苦、停止也是苦；若不前進、不後退也不停止，此時，還有什麼東西留下？身與心都在此止息，這就是苦滅。很難了解，不是嗎？但若精進不懈地學習此教法，就能超越困難，達到了解，那裡就有滅。這是佛陀究竟的教導，是終點，他的教導結束於完全捨離的那一點上。

別急著判斷教法是對或錯
只要先聆聽它

不要急於判斷這教法是對或錯，只要先聆聽它。若我給你們一顆水果，並說它很好吃，你們應注意我的話，但別毫不懷疑地相信我，因為你們還未品嘗。若想知道水果是甜或酸，你們應切下一片嘗嘗看，然後就會知道。同樣的道理也適用在我給

慧

你們的教導上，不要拋棄這水果，保留它並品嚐它，親自體會它的味道。

你們要知道，佛陀並沒有老師。某位苦行者曾問佛陀他的老師是誰，佛陀回答說他沒有老師，苦行者就搖著頭離開了。佛陀太誠實了，他正在對一個不知道或不接受實相的人說話。所以我要告訴你們，不要相信我。

佛陀說，一味相信別人是愚蠢的，因為其中缺乏清楚的認知。因此，佛陀說：「我沒有老師。」這是實話，但你們應正確地了解這點，不能輕蔑你們的老師，別隨便說：「我沒有老師。」你們必須依賴老師，來告訴你們什麼是對或什麼是錯，然後依教奉行。

在佛陀時代，有些弟子並不喜歡他，因為佛陀時常告誡他們要精進、不放逸。那些懶惰者很怕佛陀，並憎恨他。當他去世時，有群弟子為了失去佛陀的指導而哭泣、悲傷，另一群弟子則為了不必再聽到佛陀的嘮叨而感到高興、輕鬆，第三群弟子則平靜地思惟有生就有滅的實相。你們認同哪一群弟子呢？

到了現在，事情並沒有太大的改變，還是有些弟子會憎恨他們的老師，他們可能不會表現在外，而是隱藏在心中。對於仍有煩惱的人而言，有這種感覺是很正常的，即使佛陀也有人恨

慧

他。我也有憎恨我的弟子，我告訴他們要放棄不善行，但由於他們珍愛不善行，所以憎恨我。有許多人就是如此，唯有明智者才會堅定地修行「法」。

【注釋】

①這是阿姜查在一九七七年所作的演講，到了二〇〇二年，在泰國境內與世界各地，巴蓬寺的分院共計超過兩百座。

②取 (upādāna)：執取、執著，是十二緣起的第九支，指執著於所對之境。有四種取：（一）欲取──對世間欲樂強烈的渴愛。（二）見取──即執著邪見，如斷見、常見等。（三）戒禁取──認為持種種禁戒，如狗戒、牛戒等，能導向解脫。（四）我語取──執著身見，認為五蘊的任何一蘊是「我」或「我所」。

③有為法 (saṅkhata dhamma)：泛指因緣和合而成的現象，是世間共許的實相，與無為法 (asaṅkhata dhamma) 相對應。無為法是指非由因緣和合而成的法，即指涅槃，它是脫離有為法之苦，而達至最終解脫之法。

④參見注②。

慧

【第十一章】空經法師

(即使讀完大藏經
  若不修行也不可能了解佛教

　　有兩種護持佛教的方式，一種是透過物質供養的護持，即所謂的「財供養」(āmisa-pūjā)，包括食物、衣服、臥具與醫藥四種資具。「財供養」是藉由布施物資給比丘與比丘尼僧團來支持佛教，讓他們能無後顧之憂地修行佛法。這將助長佛陀教法的直接體悟，為佛教帶來繁榮。

　　佛教可比喻為樹，樹有根、莖、枝、芽與葉，樹枝與樹葉依賴樹根從土壤吸收養分。我們說的話就如樹枝與樹葉，依賴樹根——心——吸收養分傳送給它們，這些枝葉接著結出果實，就如我們的語言與行為。無論心是處於善巧或不善巧的狀態，它都會將那特質透過言行表現出來。

　　因此，透過實際運用教法來護持佛教，才是最重要的一種護持。例如，在齋戒日的受戒儀式中，老師講述應避開的不當行為，若你只是通過受戒儀式，而未去反省它們的意義，就很難進步，將無法達到真正的修行。

慧

因此，對佛教真正的護持，一定要透過「行道供養」(paṭipatti-pūjā)，培養真實的戒、定、慧來加以完成，然後就會知道佛教是什麼。若不透過修行去了解，即使讀完整部大藏經，你們也永遠不會明白。

學而不修的「空經法師」

在佛陀時代，有位比丘名為「空經」(Tuccho Poṭhila)，是佛陀最有學問的弟子之一，精通各種經論。他非常有名，受到各地人們的尊敬，並監管十八座寺院。當人們聽到「空經」之名時，都會心生敬畏，無人敢質疑他的教導，他們太尊敬他的話了！

有天他前往頂禮佛陀，當他禮拜時，佛陀說：「啊，嗨！空經法師！」就像那樣！他們交談了一會兒，到要告別時，他正準備離開，佛陀說：「哦，現在要離開了嗎？空經法師！」

佛陀就是那麼說的。抵達時，「啊，嗨！空經法師！」離開時，「哦，現在要離開了嗎？空經法師！」這就是佛陀給他的教導。空經比丘很困惑，「佛陀為何那麼說呢？他是什麼意思？」他想了又想，回顧所學的東西，最後他終於了解：「沒

慧

錯！空經法師——那就是我，一個只學而不修的比丘。」

當觀察內心時，他了解到自己和在家人無有不同，他們所渴望的一切，他也同樣渴望；他們所喜愛的一切，他也同樣喜愛。他內在並無真實的沙門①，沒有真正深奧的素養，能將他穩固地安立在正道上，並提供真實的平靜。

因此，他決心修行，但卻面臨無處可去的窘境。他四周所有的老師都是自己的學生，沒人敢接受他。通常當人們遇見老師時，都會變得膽怯而恭順，因此沒人敢當他的老師。

最後，他去見一位已覺悟的年輕沙彌，請求隨他修行。這位沙彌說：「哦！你當然可以隨我修行，但你必須是誠心的。若你不誠心，我就無法接受你。」於是，空經誓言要做沙彌的學生。

接著，沙彌叫他穿上所有的衣服，那時附近剛好有一灘泥。空經小心地穿上所有的貴價衣，沙彌說：「好，現在在泥地上爬行，我沒叫你停就不能停，沒叫你起來就不准起來。好……開始！」

衣著整潔的空經遂投入泥濘中，直到他全身泥濘不堪時，沙彌才叫他停止。最後，沙彌說：「你現在可以停了。」因此他停下來。「好，起來！」他便站起來。

　　空經顯然已放棄他的驕傲，準備好接受教導。若未準備要學習，像他如此聞名的老師，不會那樣投入泥濘中。年輕沙彌見到這點，知道空經決心認真修行，因此便教導他。

　　他教他觀察六塵②，以人躲在蟻丘上捉蜥蜴為喻，若蟻丘上有六個洞，他如何能捉到蜥蜴呢？他必須封閉五個洞，只留下一個出口。然後他只要坐在那裡看，守護洞口。當蜥蜴出來時，就可以抓到牠。

有了正念、正知
就能覺知心如何反應法塵

　　觀察心就像這樣。閉上眼、耳、鼻、舌、身，只留下心，「閉上」感官是指防護與安撫它們。禪修就如捉蜥蜴，我們以正念去注意呼吸。正念的特質是「憶念」，一直問自己：「我正在做什麼？」正知是覺察：「現在我正在做這個與那個。」我們以正念與正知來觀察呼吸的進出。

　　正念的特質是從修行當中生起，並不是可從書本中學到的。覺知生起的感受，心可能暫時沒反應，然後一個感覺又會生起。正念和這些感覺一起工作，記起它們。正念是憶念「我將說」、「我將走」、「我將坐」等，然後有正知——覺察「現在

慧

我正在走路」、「我正躺下」、「我正在經驗這樣與那樣的心情」。有了正念與正知，就能在當下覺知心，我們將覺知心如何反應法塵。

了解聲音只是聲音
它就不會干擾我們

能覺知六塵者，即稱為「心」。六塵竄入心中，例如聲音透過耳朵竄入心中，心認出它是鳥叫、車聲或其他聲響，現在辨識聲音的這顆心還很單純，它只是中立的心，也許煩惱就會在這認知者中生起。

我們必須進一步訓練「認知者」變成「如實覺知者」——即所謂的「佛」(Buddho)。若無法根據實相清楚地覺知，我們就會被人、車或機器等聲音所干擾。一般的與未經訓練的心，通常會帶著煩惱去認知聲音，那是根據自己的喜好，而非根據實相去覺知。

我們必須進一步訓練它，以洞見、智慧或智見③去覺知，覺知聲音就只是聲音。若不執著聲音，就不會有煩惱。聲音生起時，只是單純地注意它，這就稱為如實地覺知六塵的生起。

當我們念 Buddho 時，清楚了解聲音就只是聲音，它就不會

慧

干擾我們。它是根據因緣而生起，並非眾生、個人、「我」、「我們」或「他們」。它只是聲音。如此一來，心便能放下。

這清晰而敏銳的覺知，即稱為「佛」。有了它，我們就能讓聲音只是聲音，它不會干擾我們，除非我們用想──「我不想聽聲音，它很煩」去干擾它，痛苦正因這態度而生起。這就是苦因：我們不知道這件事的實相，沒有正念、正知，還不清楚、覺醒、覺察。這是未經訓練與尚未調伏的心，還不是真正有用的心。

覺醒地停留在一個所緣上
心將煥然一新

我們必須開發內心，就如開發身體一樣，必須鍛鍊它，早晚慢跑，身體很快就會變得更敏捷與強壯，呼吸與神經系統也會變得更有效率。鍛鍊心的方式與此不同，身體必須動，心則必須靜，要引導它停止、歇息。

例如，禪修時採用一個所緣──入出息，作為基礎，成為我們注意與省察的焦點。我們注意呼吸，代表我們是清醒地跟隨呼吸，注意它的節奏與來去，放下其他一切。覺醒地停留在一個所緣上的結果，將會讓我們的心煥然一新。但若讓心四處游

移，它就無法統一或靜下來。

我們說心「停止」，意味著它感覺自己好像是停止的，不再四處亂跑。就如我們擁有一把利刃，若不加選擇地以它亂割東西，如石頭、磚塊或草坪，它很快就會變鈍，我們應以它來切割適合的東西。同樣地，若讓心跟著毫無價值與用處的念頭與感覺流浪，心會變得疲憊而虛弱。若心缺乏活力，智慧就無從生起，因為無活力的心，就是沒有定的心。

若心不停止，就無法看清六塵的實相。覺知心就是心，六塵就是六塵，如此的認知是佛教成長與發展的根本，是佛教的心要。當我們看自己與行為模式時，便會發現自己就像小孩一樣。小孩什麼都不知道，從大人的眼光看小孩的行為，他遊戲與跑跳的方式，他的行為似乎沒有任何目的。若心未調伏，它就如小孩，我們糊裡糊塗地說話，並愚蠢地行動，可能連釀成大錯都還不自知。

因此，我們應訓練這顆心，佛陀教導要訓練心，要教導它。即使以四種資具護持佛教，我們依然是膚淺的，它只及於樹的表皮或邊材。對佛教真正的護持——樹心，只來自於修行，依循教法訓練身、口、意，別無其他，這才是精華所在。若我們正直與誠實，擁有戒與慧，修行就會成功。那裡將沒有怨恨與

敵意的因，我們的宗教就是如此教導我們。

缺乏修行
累世都無法洞見佛教的心要

若認定戒律只是種傳統，那麼，即使老師告訴我們實相，我們的修行還是會有缺陷。我們可能研究教法並能背誦，但若真的想了解它們，就一定得修行。缺乏修行，會成為一種障礙，使我們累世都無法洞見佛教的心要。

因此，修行就如大皮箱的鑰匙，若手上有正確的鑰匙——禪修之鑰，則無論鎖有多緊，當拿起鑰匙打開它時，鎖就會應聲而開。若我們沒有鑰匙，就無法開鎖，將永遠不知道箱子裡有什麼。

事實上，有兩種知識。覺知「法」的人，不會只憑記憶說話，他或她說的是實相。世間人通常只憑記憶說話，更糟的是通常是誇張地說話。例如有兩個人久未謀面，有天他們在火車上不期而遇。「哦，真巧」，其中一個人說：「我正想找你！」

事實並非如此，他們彼此完全沒有想到對方，只是一時興奮才如此說。因此，那變成謊言，是的，那是無心之過。這是不知不覺的謊言，是種微細的煩惱，它經常會發生。

慧

　　因此關於心，空經比丘遵從沙彌的指示：吸氣、吐氣，清楚覺知每個呼吸，直到他看見內在的騙子——自己心中的謊言為止。他看見煩惱浮現，就如從蟻丘出來的蜥蜴，他看見它們，並在它們出現時，認出它們的真實本質。他注意到心如何在前一刻構設一件事，然後到了下一刻又變成另外一件。

　　思想是「有為法」，是必須依賴因緣而生的法，而非「無為法」。調伏的心、完全清醒的心，不會再構設心境。這樣的心洞見聖諦，無須再攀附外緣，覺知聖諦就是覺知實相。攀緣的心試著迴避這實相，說「那很好」或「這很漂亮」，若心中有「佛」，就不再受騙，因為我們知道心的實相。心無法再創造染污的心境，因它清楚覺知一切心境都是無常、苦與無我的，若執著它們就會衍生痛苦。

這顆騙人的心
正是我們觀察的對象

　　無論去到哪裡，「覺知者」都經常存在空經比丘的心中。他帶著了解，觀察心的各種創造與增生，看見心如何進行各種欺騙。他掌握了修行的心要：

慧

　　這顆騙人的心，正是我們應該觀察的對象——這是以高興與痛苦、好與壞，帶領我們走向苦、樂兩端，造成我們輪迴生死的心。

　　空經比兵覺悟了實相，掌握修行的心要，就如人捉住了蜥蜴的尾巴。

　　對所有的人而言也是如此，只有這顆心最重要，所以要修心。那麼，我們要如何訓練它呢？藉由持續保持正念、正知，我們就能覺知心。這個「覺知者」超越心一步，它能覺知心的狀態，覺知「心就只是心」的人，即是「覺知者」。

　　「覺知者」在心之上，因此能照顧心，教導心覺知什麼是對、什麼是錯。最後每件事都會回到這顆攀緣的心上，若心陷入攀緣中，就會失去覺知，修行也將沒有結果。

　　因此，我們應訓練這顆心去聞法與培養「佛」，培養清楚而光明的覺知，它存在於一般心之上，並超越它，覺知內在發生的一切。所以，我們要以「佛」一字來禪修，如此才能覺知心內之心。只要觀察心的一切活動，無論好或壞，直到「覺知者」了解心就只是心，不是「我」或「人」為止，這就稱為「心隨觀」④。依此方式來看，我們就會了解，心是無常、苦與無我

的。

我們可以歸納如下：心是認識有別於心的六塵者，「覺知者」如實覺知心與六塵兩者。我們必須經常使用正念來淨化心，眾生都有正念，甚至連貓捉老鼠，或狗吠某人時都有，這是種正念的形式，但它並非如法的正念。

眾生都有正念，但它有不同的層次，就如看東西有不同的層次一樣。例如，當我告訴人們觀身時，有些人說：「身體有什麼好觀的？每個人都可以看見它──頭髮、指甲、牙齒與皮膚，我們早就看過了。那又怎樣？」

以「心眼」去看
身體裡的身體

人們就是如此。他們的確可以看見身體，但看到的是錯誤的，他們並未以「佛」或「覺知者」去看，只是以平常的方式看見身體，只看見它的外表。只看見身體並不夠，若只是如此會有麻煩，你們必須看見身體裡的身體，如此事情才會變得比較清楚。

只看身體，你們會被它愚弄，被它的外表給迷惑，未看見無常、苦與無我，貪欲⑤會生起，你會著迷於色、聲、香、味與

慧

觸。這種看見只是以世俗的肉眼看見，會讓你產生愛與恨，且有好惡的分別。

佛陀教導我們，必須以「心眼」去看，看見身體裡的身體。若你真的看進身體裡去……嗯！真的很噁心。今天的和昨天的東西都混在那裡，你分不清什麼是什麼。這樣看比用肉眼看清楚多了，瘋狂的肉眼只看它想看的東西，我們應以心眼、慧眼去觀。

這是能根除對五蘊──色、受、想、行、識執著的修行，根除執著就是根除痛苦，痛苦就在這裡，在執著五蘊處生起。五蘊本身並非是苦，只有執著它們為自我──那才是苦。

若透過禪修，看清這些事物的實相，痛苦就會像螺絲釘或螺栓一樣鬆開。當螺栓鬆開後，它就會退出來。心的鬆脫也是如此，它會放下，從善惡、名利與苦樂的迷執中退出。

若我們不知這些事物的實相，那就如隨時在絞緊螺絲釘，它變得愈來愈緊，直到摧毀你，讓你痛苦不堪為止。當你覺知事物的實相時，就是在鬆開螺絲釘，以「法」的語言來說，我們稱此為生起「厭離」。你變得厭倦事物，並放下對它們的迷戀。若如此鬆開，就能得到平靜。

慧

人們只有一個問題
── 執著的問題

　　人們只有一個問題──執著的問題。就因這件事，人們互相殘殺。一切問題，無論是個人、家庭或社會的問題都根源於此。其中沒有贏家，他們互相殘殺，但到頭來沒人得到任何東西。得失、毀譽、稱譏、苦樂──這些都是世間法，它們吞噬了世間眾生，是麻煩製造者，若不省察它們的真實本質，就會痛苦。

　　人們甚至會為了財產、地位或權力而殺人，為什麼？因為他們將這些事看得太重要了，他們被任命為某個職位，如村長，就樂昏了頭，在被任命後，變得醉心於權力。若老朋友前來拜訪，他會說：「別常來這裡，現在的情況和以前大不相同了。」

　　佛陀教導我們要了解財產、地位、讚美與快樂的本質，當它們出現時，接受它們，但要順其自然，別被它們沖昏頭。若你無法真正了解這些事，就會受到權力、子女與親屬等的愚弄！若你清楚了解這些事，就會知道它們都是無常的「行」。若執著它們，它們就會變成煩惱。

　　人們剛出生時，只有「名」與「色」而已，之後我們才為他

慧

加上「王先生」或「林小姐」等名稱，這是依據世俗法而為。此外，還會有「上校」或「醫生」等頭銜。

若我們並非真的了解這些事，便會認為它們是真實的，並執著它們；執著財產、地位、名稱與階級。若你有權力，就可頤指氣使：「將這人抓去處決，將那人抓去關起來。」階級帶來權力，「階級」一詞正是執著之所在。

只要人們得到階級，就開始發號施令；對或錯，全憑心情行事，因此一再犯同樣的錯誤，偏離真實的道路愈來愈遠，了解「法」的人不會如此表現。若你擁有財產與地位，就讓它們只是財產與地位，別讓它們變成你或你的身分，只要善加利用來履行職責即可，然後就放下。你還是你，沒有改變。

培養內在的「戒法」
才是真正護持佛教

佛陀就是希望我們如此了解事情，無論接收到什麼，心都不會對它加油添醋。他們任命你為市議員：「好的，我就是個市議員……但其實我不是。」他們任命你為議長：「當然，我就是議長，但其實我不是。」無論他們如何對你，都只要：「好的，我是，但其實我不是。」

最後，我們到底是什麼？我們最後都一定會死，無論他們怎麼做，最後都相同。你能說什麼？若你能如此看事情，就能屹立不搖並真正知足，什麼都沒改變。

這是不被事情愚弄的方法，無論發生什麼事，一切都是諸行。沒有任何事能誘使如此的心去構設與攀緣，引誘它進入貪、瞋、痴之中。

這才是對佛教真正的護持，無論你是處於被支持者（僧伽）或支持者（在家眾）之中，請仔細思惟這點。培養你內在的「戒法」⑥，這是護持佛教最穩當的方式。以供養食物、臥具與醫藥來護持佛教也很好，不過這種供養只能達到佛教的表層而已。

樹有樹皮、邊材與心材，這三部分缺一不可，心材依賴樹皮與邊材，邊材則依賴樹皮與心材，它們相互依賴而存在，就如同戒、定、慧的教法。戒讓你的身、口業保持正直，定令內心安住，慧則徹底了解一切諸行的本質。研究這個，修行這個，你就能以最深入的方式了解佛教。

若不了解這些事，你就會被財產、階級或接觸到的任何事物給愚弄。我們必須考慮讓自己的生活與教法一致，應省察這世上的一切眾生，都是整體的一部分，我們就如他們，他們就如

慧

我們。他們一如我們同樣擁有快樂與痛苦，並沒有任何不同。
若我們能如此省察，平靜與了解將會生起，這是佛教的基礎。

【注釋】

①沙門 (samaṇa)：意譯息惡、息心，即出家求道者。阿姜查通常將它翻譯成「平靜
　的人」。

②六塵：六種感官所對之境，即色、聲、香、味、觸、法。

③智見 (ñāṇadassana)：洞察四聖諦的智慧與洞見。

④心隨觀 (cittānupassanā)：即四念處（身、受、心、法）之中的心念處。禪修者安
　住於心，就自己內心的情況持續思惟觀察，觀心是無常、苦、無我的，以破除
　心為「我」的妄見。

⑤貪欲 (kāmacchanda)：愛欲、貪欲，五蓋之一。

⑥戒法 (sīla-dhamma)：泛指佛陀所制之律法，在個人的層面，係指「戒與實相
　（慧）」。

【第十二章】不確定——聖者的標準

　　曾有位西方比丘，是我的學生，每當他看到有泰國比丘與沙彌還俗時，他就會說：「噢，真遺憾！他們為何要那麼做？為何會有如此多泰國比丘與沙彌還俗？」他很震驚。他對這件事感到難過，因為他才剛進來與佛教接觸，這激發他下定決心成為比丘，並心想自己永不還俗。但過了一段時間後，有些西方比丘開始還俗，他也逐漸認為還俗並沒什麼大不了。

　　當人們受到激發時，一切似乎都是正確與美好的。他們不會判斷自己的感覺，且並不真的了解修行，卻繼續前進，形成一種主觀的看法。而那些真正知道的人，心中都會有堅定不移的基礎——但不會吹噓。

厭煩清淨的生活
便可能還俗

　　以我自己而言，當剛出家時，實際上並未做很多修行，但我很有信心。我不知道是什麼原因，也許是與生俱來的吧！在雨安居結束時，和我一起去的比丘與沙彌都還俗了。我心想：「這些人是怎麼了？」但我不敢對他們說什麼，因為我還不確

慧

定自己的感覺，我太激動了。

　　但在內心深處，我覺得他們都很愚蠢，「出家很困難，還俗卻很容易。這些傢伙沒有大福德。他們認為世間的方式比『法』的方式更有用。」我就是那麼想，但什麼都沒說，只是觀察我的心。

　　我看著和我同行的比丘們陸續還俗，有時他們會盛裝來到寺裡炫耀。我看著他們，心想他們瘋了，但他們卻自認為看來很時髦。我覺得他們錯了，但我沒說，因我自己仍是個未定數，還不確定自己的信心能維持多久。

　　當我的朋友們全都還俗時，我斷絕一切關心，任何人的離開都與我無關。我拿起《別解脫戒本》①研讀，埋首於其中。不會再有人來煩我，並浪費我的時間，我專心於修行。我還是什麼都沒說，因為覺得修行一輩子，也許七、八十甚至九十年，一直維持精進不懈與不放逸，似乎是件非常困難的事。

　　會出家的人就會出家，會還俗的人就會還俗，我冷眼旁觀一切，並不擔心自己會留下或離開。我看著朋友們離開，但我心裡覺得這些人都未看清楚。那西方比丘可能也是如此想，他看到人們出家的時間只是一個雨安居，覺得很難過。

　　之後，他達到一個我們稱為……「厭煩」的階段，對清淨的

生活感到厭煩。於是他放下修行，最後還俗了。

「你為何要還俗？」我問他，「以前，當你看到泰國比丘還俗時，你會說：『噢，真遺憾！多可悲，多可惜呀！』現在，輪到你自己想要還俗，為何你現在不會覺得遺憾？」

他沒有回答，只是不好意思地咧嘴苦笑。

修心的困難
在於沒有衡量的標準

談到心的訓練，若你心中沒有親自「見證」，要找到一個好的標準並不容易。對於許多外在的事情，我們可依賴別人的回饋。但談到「法」的標準，它在我們的能力範圍內嗎？我們已有「法」了嗎？我們的想法正確嗎？若它正確，我們能放下正確嗎？或仍執著於它？

這很重要，你們應持續思惟，直到能放下，不執著好與壞為止，然後將這個也拋開。換句話說，你們應拋開一切，若一切皆空，那就無有剩餘了。

因此，關於修心，我們有時可能會說它很簡單，但說是容易，去做卻很難，非常困難，難在它違背我們的欲望。有時事情有如神助，每件事都很好；無論想或說什麼，似乎都無往不

利。然後，我們便執著於那個好；不久後開始做錯，一切便都轉壞了。它就是難在這裡，沒有可供衡量的標準。

有人充滿信心，他們只有信而無慧，可能專精於定，但缺乏洞見。他們只看到事情的一面，且完全照著走，不知省察。這是盲目的信仰！在佛教中，這稱為「信勝解」(saddhā adhimokkha)，有信心固然很好，但那產生不出智慧。他們還不了解這點，而相信自己有智慧，因此看不到自己錯在哪裡。

依據「五力」
作為衡量修行狀態的標準

因此，經中教導「五力」(pañca bala)：信、精進、念、定、慧。「信」是深信；「精進」是勤勉的努力；「念」是憶持；「定」是心的專注；「慧」是遍知的智慧。別以為「慧」只是智慧，它是包含一切的圓滿智慧。智者給了我們這五個項度，好讓我們可以檢視它們。首先，是作為學習的對象；其次，是作為衡量自己修行狀態的比較標準。

例如，「信」：我們是否確信，我們已發展出它了嗎？「精進」：我們夠精進嗎？精進的方法正確嗎？每個人都在精進，不過那是明智的嗎？「念」的情況也是如此，即使貓也有正

念。當牠看見老鼠時，就會有正念，眼睛會一直注視著老鼠。眾生，包括動物、罪犯與聖者在內，都有正念。「定」或心的專注，眾生也都有，在貓的正念中也有「定」。至於「慧」，貓也有，不過那不是像人一樣的寬廣智慧，那只是動物的覺知，牠有足夠的「慧」能捕食老鼠。

這五項都被稱為「力」。這五力從正見中生起了嗎？我們衡量正見的標準為何？我們必須清楚地了解這點。

依據正見
作為檢驗修行的標準

正見是對一切事物都是不確定的了解，因此佛陀和一切聖者們不會執著它們。他們是「執」而不「著」，不會讓執取變成固著。一個不會演變成「有」的執，是不被貪欲染污的執，不會尋求變成這個或那個，單純只是修行本身而已。

當你執著某件事時，是快樂或痛苦？若是快樂，你執著那快樂嗎？若是痛苦，你執著那痛苦嗎？

有些見解可以拿來作為衡量修行更準確的原則。例如，相信自己比別人好，或和別人相同，或比別人笨，這些都是邪見。我們可能會覺得這樣，但也會以智慧加以覺知，覺知它們就只

慧

是生滅法。認為我們比別人好是不正確的；認為和別人一樣，也不正確；認為比別人差，也是不正確的。

正見能斬斷這一切。若自認為比別人好，驕傲就會生起，它就在那裡，但我們卻沒有看見。若自認為和別人一樣，就不會在適當的時機表示尊敬與謙虛。若自認為比別人差，就會意氣消沈，相信自己不如人，或是命不好等。我們仍執著於五蘊，一切都只是「有」與「生」。

這是可用來衡量自己的標準。另外一種是：若遇到愉悅的經驗，我們便感到快樂；若遇到一個不好的經驗，便感到痛苦。我們能將喜歡與討厭的事，都看成具有相同的價值嗎？以此標準檢驗自己。在日常經驗中，當我們聽到某件喜歡或討厭的事情時，心情會跟著改變嗎？或心根本不為所動呢？由此便可做個檢驗。只要覺知你自己，這就是你的見證者，別在貪欲強烈時做下任何決定。貪欲會讓我們自我膨脹，而想入非非，我們一定要很謹慎。

依據實相
作為覺知的正確方式

有許多角度與觀點需要考慮，不過，正確的方式並非跟隨貪

欲，而是實相。我們應同時覺知好與壞，覺知它們後，便放下。若放不下，我們就還「存在」，我們仍然「有」，我們仍然「是」，接著便會有後續的「有」與「生」。

因此佛陀說，只要評斷你自己，不要評斷別人，無論他們可能有多好或多壞。佛陀只是指出道路：「實相就是如此。」現在，我們的心是否是如此呢？

例如，假設甲比丘拿了乙比丘的某些物品，乙比丘指控他：「你偷了我的東西。」「我沒偷它們，我只是拿了它們。」因此，我們請求丙比丘仲裁。他應如何決斷？他必須要求犯戒比丘出席僧伽集會。「是的，我拿了，但並沒有偷。」或衡量其他規定，如波羅夷罪或僧殘罪②：「是的，我做了，但我不是故意的。」你如何能相信他的話呢？那太難捉摸了。若你無法相信它，就只能將罪過留給做者，它歸於他。

但你們應該知道，我們無法隱藏心中生起的事，不論是錯誤的或好的行為，都無法掩蓋它們。不論行為是善或惡，都無法藉由不理會來打發，因為它們會自行揭發。它們隱藏自己、揭發自己，它們自顧自地存在，全都是自動的。事情就是如此運作。

不要試圖猜想或臆測這些事情，只要無明仍然存在，它們就

不會結束。有位議長曾問我：「隆波！『阿那含』的心清淨了嗎？」③

「它只是部分清淨。」

「咦？阿那含已斷除欲貪，心怎麼還未清淨呢？」

「他可能已放下欲貪，但還殘留一些東西，不是嗎？還有無明。只要還有殘留，就是還有些東西存在。就如比丘的缽，有大、中、小型的大缽，還有大、中、小型的中缽，以及大、中、小型的小缽……無論缽多小，它還是個缽，對嗎？須陀洹、斯陀含、阿那含等的情況也是如此，他們都已斷除某些煩惱，但都只在各自的層面上。

至於還剩下什麼，那些聖者們看不見，若能看見，就都成為阿羅漢。他們還看不見全部，所謂『無明』，就是沒有看見。若阿那含的心已完全通達，就不會只是阿那含，他會成為正等正覺。只可惜，還是剩下某些東西。」

「這顆心淨化了嗎？」「嗯，只到某種程度，還不到百分之百。」我還能怎麼回答呢？他說以後他會再來進一步問我。

你真的認為
修行有這麼簡單嗎？

慧

別放逸，佛陀告誡我們要警覺。在這修心的過程中，我也曾受過誘惑，去嘗試很多事，但它們卻似乎總像是迷了路一樣。它們是種浮誇的心態，一種自滿，它們是「見」與「慢」，要覺知這兩件事真的不簡單。

曾有人為了紀念母親而想出家，他抵達這間寺院，放下衣服，甚至未禮敬比丘，就開始在大廳前行禪……，來來回回，好像在炫耀一般。

我心想：「哦，也有像這樣的人！」這是盲信。他一定已做了類似要在日落前覺悟的決定，大概認為這很容易。他目中無人，只是埋首行禪，彷彿那就是生命的全部。我什麼都沒說，只是讓他繼續做他的事，但我心想：「喂！年輕人，你真的認為修行有這麼簡單嗎？」我不知他後來待了多久，我甚至認為他沒有出家。

一旦心想到什麼事，我們每次都會將它傳送出去。我們不了解這只是心習慣性的造作，它會將自己偽裝成智慧，並在微小的細節上胡謅。這個心的造作似乎很聰明，若未好好覺察，我們可能會將它誤認為智慧。但到了關鍵時刻，卻不是這麼一回事。當痛苦生起時，所謂的「智慧」在哪裡？它有任何用處嗎？它根本就只是造作的假象。

慧

從內心
找到佛陀

因此，請與佛陀同在吧！在修行中，我們一定要轉向內心，找到佛陀。佛陀至今天都還活著，去裡面將他找出來。他在哪裡？就在無常中，進去裡面將他找出來，去禮敬他——無常、不確定。你們可以從這裡開始。

若心試圖告訴你，你現在是須陀洹，你就把這個想法交給佛陀，他會說：「一切都不確定。」若你認為你是斯陀含，他只會說：「並不確定！」若「我是阿那含」的想法生起，佛陀只會告訴你一件事：「不確定。」甚至，當你自認為是阿羅漢時，他會更堅定地告訴你：「一切都『非常』不確定。」

這些是聖者的話：「每件事都不確定，不要執著任何東西。」別一味愚蠢地執著事物，別緊抓著它們不放。看見事物的表象之後，便要超越它們。你們一定要如此做，那裡必然是表象，也必然是超越。

因此，我說：「去見佛陀！」佛在哪裡？佛就是「法」。這世上的一切教法都可被包含在這個教法裡——無常。思惟它，我已當比丘找了四十多年，也只找到這個——無常和安忍。

無常——一切都不確定，無論心多麼想要確定，只要告訴

它：「不確定！」每次心想執著某件事為確定的事物時，只要說：「它不確定，它是短暫的。」只要以這想法去降伏它，使用佛陀的「法」，回歸到這點上。無論行、住、坐、臥，你都如此看每件事，無論喜歡或不喜歡，都以同樣的方式看它。這便是趨近佛、趨近「法」。

這是個值得練習的方式，我從過去到現在，都是如此修行。我既不依賴經典，也不漠視它們；我既不依賴老師，也不「獨來獨往」。我的修行一直都是「既非此，亦非彼」。

這是件關於「滅」的事，亦即修行到達終點，看見修行完成；看見表象，同時也看見超越。

想超越痛苦
就得避開苦並傾向佛陀

若你們持續修行，且徹底思惟，最後一定會到達這一點。起初，你們匆匆前進，匆匆回頭，又匆匆停止。你們持續如此修行，一直到往前、退後或停止都不對時，那就對了！這就是結束，不要期待任何會超越於此的事；它就在這裡結束。

「漏盡者」(khīnāsavo)──完成者，他既不往前，也不後退或停止，沒有停止、前進或後退，一切都結束了。思惟這點，

在心裡清楚地了解它，你會發現在那裡真的什麼都沒有。

這件事對你來說是舊或新，完全取決於你，取決於你的智慧與洞察力，沒有智慧或洞察力的人將無法理解它。只要看看芒果或波羅蜜果樹，若它們是許多棵一起成長，其中一棵可能會先長大，然後其他的樹就會彎曲，向大樹之外發展。

誰教它們這麼做？這是它們的本質。本質有好有壞，有對有錯，它能向正確傾斜，也能向錯誤傾斜。不論是什麼樹，若我們種得太密，比較晚成熟的樹就會向大樹之外彎曲發展。這就是本質，或「法」。

同樣地，渴愛導致痛苦。若思惟它，它就會帶領我們走出渴愛。藉由觀察渴愛，我們重新改造它，讓它逐漸減輕，直到完全消失為止。樹也是如此，有人命令它們如何成長嗎？它們無法說話或移動，但知道避開障礙去成長。只要哪裡擁擠，它們就向外彎，避開它。

「法」就在這裡，敏銳的人會看見它。樹木天生就不知道任何事，它們是依照自然的法則在行動，卻相當清楚如何避開危險，彎向合適的地方生長。

省察的人也是如此，因為想超越痛苦，我們選擇出家生活。是什麼讓我們痛苦？若向內追蹤，就會找到答案。那些我們喜

歡和不喜歡的事物，都是苦的。若它們是苦的，就別靠近。你想和因緣法談戀愛或憎恨它們嗎？它們都是不確定的。當我們避開苦，傾向佛陀時，這一切都會結束。

無論聽見或看見什麼
都只要說：「這並不確定」

我是在一座普通的鄉下寺院出家，並在那裡住了好幾年。在心裡我懷著欲望修行，我想精通、想訓練。在那些寺院裡，沒有任何人給我任何教導，但修行的想法就如此生起。我四處行腳參訪，以耳朵聽，以眼睛看。

無論聽到人們說什麼，都告訴自己：「不確定！」無論看見什麼，我都告訴自己：「不確定！」甚至當聞到香氣時，我也告訴自己：「不確定！」或當舌頭嘗到酸、甜、鹹，以及美味與不美味時；或身體感受到舒適或疼痛時，都會告訴自己：「這並不確定！」我就這樣與「法」同住。

事實上，一切都是不確定的，但我們的渴愛卻希望事情是確定的。我們能怎麼做？一定要忍耐，修行最重要的就是忍辱。

有時我會去看有古寺建築的宗教遺跡，它們是名師巧匠所設計與建造。有些地方殘破不堪，我的朋友就說：「真遺憾啊！

不是嗎？它毀壞了。」我回答他：「若不是這樣，就不會有『佛』與『法』這些事了！它會如此毀壞，是因為它完全遵從佛陀的教導。」在我的內心深處，看到那些建築物毀壞我很傷心，但我拋開感傷，嘗試對朋友和我自己說一些有用的話。

「若它不是像這樣毀壞，就不會有任何佛陀！」

也許我的朋友並未在聽，但是我有，這是個非常、非常有用的思惟方法。假設有人匆匆跑來，說：「隆波！你知道這些關於你的傳言嗎？」或「他說你如何如何……」也許你便開始生氣。你聽到一些批評，便準備要攤牌！情緒生起。

我們要清楚覺知這些心情的每一步，我們可能準備要報復，但在看清楚事件的實相後，可能會發現他們所說或指稱的是別的意思。

因此，這是另一個不確定的例子。我們為何要倉促地相信任何事呢？為何要那麼相信別人的話？無論我們聽到什麼，都應該注意，要有耐心，小心地觀察那件事。

任何言語若忽視這不確定，就不是聖者之言。每次錯過不確定性，就會失去智慧，也偏離修行。無論我們看見或聽到什麼，無論它是令人愉快或悲傷的，都只要說：「這並不確定！」堅定地對自己如此說。以此觀點看每件事，不要堆砌與擴大事

端，將它們都如此簡化，這裡就是煩惱滅亡之處。

若拋開聖者、佛陀或「法」
修行將變得貧乏且無益

若我們如此了解事物的真實本質，貪欲、迷戀與執著都會消失。它們為何會消失？因為我們了解，我們知道。我們從無知轉變成了解，了解是從無知出生，知道是從不知道出生，清淨是從染污出生，事情就是如此。

別拋棄無常、佛陀──這就是「佛陀還活著」的意思。佛陀已入滅的說法，不必然是真的，在更深層的意義上他還活著。這有如我們定義「比丘」一詞，若定義為「乞士」④，意義就很廣泛。我們可如此定義它，但太常使用此定義並不是很好──不知何時停止求乞！以更深刻的方式來定義，比丘可說是「看見輪迴過患的人」。

這是否更深刻呢？「法」的修行就是如此。當未充分了解「法」時，它是一回事；但當完全了解時，它就變成另外一回事。它變成無價的，變成平靜的泉源。

當擁有正念時，我們就是趨近於「法」。若有正念，就能看見一切事物的無常性，將看見佛陀，並超越輪迴的痛苦，若非

慧

於現在，就是未來的某個時刻。

若拋開聖者、佛陀或「法」，我們的修行就會變得貧乏與無益。無論是在工作、坐著或躺著，我們一定要持續保持修行。當眼見色、耳聞聲、鼻嗅香、舌嘗味，或身覺觸時——在一切事情中，都別拋棄佛，別離開佛。

這就成為經常趨近佛陀與崇敬佛陀的人。我們有崇敬佛陀的儀式，如在早上唱誦 arahaṃ sammā saṃbuddho bhagavā（應供、正等正覺、世尊），這是崇敬佛陀的一種方式，但並非用前述的深刻方式崇敬佛陀。只以巴利語崇敬佛陀，就如同將比丘定義為「乞士」。

若我們趨近無常、苦與無我——每次眼見色、耳聞聲、鼻嗅香、舌嘗味、身覺觸、意知法塵時，那就如將比丘定義為「看見生死輪迴的過患者」，那要深刻多了，並斬斷許多枝節。

這就稱為「行道」，在修行中培養這種態度，你就是站在正道上。若如此思惟與省察，即使可能與老師相隔遙遠，但仍會和他們很親近。若和老師雖比鄰而居，但心卻和他們沒有交集，則你們只會將時間花在挑剔或奉承他們上。

若他們做了些你們合意的事，你們就會說他們很好；若做了些不喜歡的事，你們就會說他們很糟——那將會限制你們的修

行發展。你們無法因觀察別人而獲得任何成就，但若了解這個教法，當下就能成為聖者。

「法」並不能
藉由順從欲望而達到

對於新進的比丘，我已訂下寺院的作息表與規矩，例如「別說太多話」，別違背現有的標準，那是能到達覺悟、正果與涅槃的道路。凡是違背這些標準的人，就不是真正的、具備清淨動機的修行人。這種人能期望見到什麼呢？即使他們每天都離我很近，仍看不到我，若不修行，即使離佛陀很近，他們也看不到佛陀。

因此，了知「法」或見「法」得依靠修行，要具備信心，並淨化自己的心。若憤怒或厭惡的情緒生起，只要將它們放在心裡，看清楚它們！持續觀察那些事，只要還有東西在那裡，就表示還得繼續挖掘與下功夫。

有些人說：「我無法切斷它，我辦不到！」若我們開始如此地說話，則這裡將只會有一群無用的傻瓜，因為沒有人斬斷他們的煩惱。

你們一定要嘗試，若還無法切斷它，就再挖深一點。挖掘煩

慧

惱，再將它們連根拔除，即使它們看來好像很堅實與牢固，也
要挖出來。「法」不是能藉由順從欲望而達到的東西，你們的
心可能在一邊，而實相卻在另外一邊。你們必須注意前面，也
要留心後面，那便是我說的：「一切都不確定，都是短暫的。」

　　這個「不確定」的實相——簡潔的實相，如此深刻與無瑕，
人們卻對它一無所知。不執著善，也不執著惡，修行是為了出
離世間，將這些事做個了結。佛陀教導要放下它們、捨棄它
們，因為它們只會造成痛苦。

【注釋】

①別解脫戒 (pātimokkha)：比丘所受持的戒律，每半個月便以巴利語讀誦一次。

②波羅夷 (pārājika) 或譯為「斷頭罪」、「驅擯罪」，比丘有四條，是僧伽的根本重
　罪，犯者立刻逐出僧團。僧殘戒 (sanghādisesa)，或譯「僧伽婆尸沙」，犯此戒
　者，由最初的舉罪到最後的出罪，都必須由二十位僧眾決定，而可「殘留」在
　僧團中。

③阿那含：於斯陀含之後，再斷除瞋恚、欲貪二種煩惱，至此階段完全斷除欲界的
　煩惱，不再生於欲界，必定生於色界或無色界，在此處獲得最高證悟，或從欲
　界命終時，直接證得阿羅漢果。

④比丘 (bhikkhu) 原語係由「求乞」 (bhiks) 一詞而來，即指依靠別人的施捨維生
　者。

慧

【第十三章】寧靜的流水

坐在這裡的
只是「名」與「色」

現在，請注意聽，別讓你的心在其他事情上攀緣。想像這種感覺：你正獨自坐在山上或森林裡的某個地方，坐在這裡有什麼呢？身與心，如此而已，只有這兩樣東西。

坐在這裡的這個軀殼裡所包含的一切，稱為「身」，而此時此刻正在覺察與思考的，則是「心」，這兩者也被稱為「色」與「名」。

「名」是指無形色的一切思想與感覺，或受、想、行、識等四蘊，都是「名」，它們都沒有形色。當眼睛看見形色時，形色就名為「色」，而覺知則稱為「名」，它們合起來即稱為「色」與「名」，或「身」與「心」。

要了解此刻坐在這裡的只有身與心，我們卻將兩者混淆在一起。若你想要平靜，一定要知道它們的實相。在目前狀態下的心還未經訓練，它是不淨與不明的，並不是清淨心。我們必須透過禪修，進一步訓練這顆心。

慧

要增長禪定
無須將心封閉起來

有些人認為，禪修是指以某種特別的方式打坐，但事實上，行、住、坐、臥都是禪修的工具，隨時都可以修行。「定」的字面意義是「心安住不動」，要增長禪定，無須將心封閉起來。有些人試圖藉由靜坐與完全不受干擾來達到平靜，但那就如死了一般。修定，是為了開發智慧與覺悟。

定是「心不動」或「心一境性」，它是固定在哪一點上？它是固定在平衡點上，那就是它的位置，人們卻試圖藉由讓心安靜來禪修。他們說：「我嘗試坐禪，但我的心連一分鐘也靜不下來。前一刻它跑到這邊，下一刻又跑到那邊，我如何讓它停止？」

你無須讓它停止，重點不在這裡，有移動的地方就能生起覺悟。人們抱怨：「它跑開，我就將它拉回來；它再跑開，就再將它拉回來。」因此，他們就只是坐在那裡與心拉來拉去。

人們一直
跟著感覺亂跑

他們認為心在四處亂跑，但事實上，它只是看起來好像在四

慧

處跑而已。例如，看看這間禪堂，你說：「哦，它好大！」事實上它一點也不大，它看起來是大或小，取決於你對它的認知。這間禪堂實際上就是這尺寸，既不大也不小，但人們卻一直跟著感覺亂跑。

想得到內心平靜的禪修，首先你必須了解平靜是什麼，若不了解它，就找不到它。例如，今天你帶了枝非常昂貴的筆到寺院來，假設在來此的途中，你將筆放在前面口袋裡，但稍後拿出來放在其他地方，如後面的口袋。現在你摸前面口袋……它不在那裡！你因為誤解，對事實無知，而嚇了一跳，結果就是痛苦。你對於遺失的筆始終耿耿於懷，誤解造成痛苦。「真遺憾！那枝筆是我幾天前才剛買的，現在竟然掉了！」

但接著你又想起，「啊，對了！當我去洗手時，將它放入了後面的口袋。」當記起這點時，雖然還未看到筆，你就感到好多了。你了解這點嗎？你已轉悲為喜，不再為筆而感到難過。你邊走邊摸後面的口袋，它就在那裡。心一直都在欺騙你，現在看見筆，難過就平復了。

這種平靜，來自於看見問題的因或苦因（集諦），一旦記起筆就放在後面的口袋，苦就「止息」（滅諦）了。

慧

壓抑煩惱
不能得到平靜

　　因此，為了得到平靜，你必須思惟。人們通常所說的平靜，通常只是平定內心，而非平定煩惱。煩惱只是暫時被壓抑而已，就如同草被石頭壓住。若三、四天後，將石頭挪開，不多久草就又長出來了，草並未死，它只是被壓制住而已。

　　坐禪的情況也是如此：心平定了，但煩惱並沒有。禪定帶來一種平靜，但它就如石頭壓住草一般，都只是暫時的。要得到真正的平靜，一定要開發智慧，智慧的平靜就如將石頭放下，不再拿起它，就將它留在那裡。草再也無法長出來，這才是真正的平靜，將煩惱平定。

　　通常談到「慧」與「定」都認為是兩件事，但它們本質上是同一件事。「慧」是「定」的動態作用，「定」則是「慧」的被動狀態，它們從相同的地方生起，但方向與作用不同。

　　就如這粒芒果，從青色的小芒果長得愈來愈大，直到成熟為止，過程中，它都是同一粒芒果，而非不同的芒果。小的、大的與成熟的芒果，都是同一粒，但它的狀態在改變。在「法」的修行中，有種情況稱為「定」，之後的情況則稱為「慧」，但其實戒、定、慧就如同芒果，都是同一件事。

任何情況下，在修行中，無論你從哪個角度來說，永遠都必須從心開始。你知道這顆心是什麼嗎？它是什麼？它在哪裡？沒人知道。我們只知道想去這裡或那裡，想要這個或那個，覺得好或不好，但心本身呢？好像永遠無法知道。

心是什麼？心無形色，接收好與壞各種法塵的那個東西稱為「心」。這就如房子的主人，主人待在家裡不動，而客人前來拜訪，他們是接待訪客的人。是誰在接收法塵？誰在認知？誰放下法塵？是所謂的「心」。但人們看不見它，因此就胡思亂想。「心是什麼？它是腦袋嗎？」別如此混淆議題。

那麼，是誰在接收法塵？有些法塵它喜歡，有些則討厭，那是誰？有誰在喜歡與討厭嗎？當然有，但你看不見它。我們以為它是自性，但它其實只是「名法」。

不想覺醒而只想平靜
永遠學不到東西

因此，要從安定內心開始修行，將覺知放進心中。若心覺醒，它就會平靜。有些人不想要覺醒，只想要平靜，一片空白的平靜，因此永遠學不到任何東西。若沒有「覺知者」，修行要建立在什麼基礎上呢？

慧

　　若沒有長，就沒有短；若沒有對，就沒有錯。人們一直在學習，找尋善與惡，但對於超越善與惡的東西，則一無所知。他們只知道對與錯——「我只想得到對的東西，而不想知道關於錯的。我何必呢？」若你只想得到對的，不久之後它就會再度變錯；對會導致錯。他們學習長與短，但對於既不長也不短則一無所知。刀子有刀刃、刀背與刀柄，你能只拿起刀刃嗎？只拿起刀背或刀柄嗎？刀柄、刀背與刀刃都是同一把刀的一部分，當拿起刀子時，同時得到三部分。

　　同樣地，若你拿起好，壞便會跟著來；若拿起快樂，痛苦便會跟著來。執著好而排斥壞，如此的修行是小孩子的「法」，它就如玩具。當然它也沒錯，你可以只拿這麼多，但若你執著好，壞便會隨之而來。這條道路的終點是迷妄，它並不好，若你不學習這點，就不可能解脫。

　　舉個簡單的例子。若你有小孩，假設你只想喜愛他們，而永遠沒有厭惡，這是個不懂人性者的想法。若執著喜愛，厭惡便會隨之而來。同樣地，人們研究「法」以開發智慧，因此很仔細地研究善與惡，然後在認識它們之後，他們做什麼呢？他們試圖執著善，惡便隨之而來。他們並未學習超越善與惡之道，而這才是你應學習的。

這些人說「我要成為這個」或「我要成為那個」，但他們從不說：「我不要成為任何東西，因為根本沒有一個『我』。」他們並未學過這個，他們只想要美好，得到它後，便在其中失去自己。然而，當事情變得太美好時，它就會開始變壞，最後人們只會在好壞之間來回擺盪。

不想看見心的變化
怎可能增長智慧？

訓練心，直到它清淨為止。你應修到多清淨呢？若心真的清淨，它就應超越善與惡，甚至超越清淨。它結束了，那才是修行結束的時候。只有當你能讓心超越快樂與痛苦的兩端時，才能得到真正的平靜，那才是真正的平靜。這是多數人永遠學不會的課題，他們永遠無法真的看見這點。

別以為修心就只是靜靜地坐著。有些人抱怨：「我無法禪修，我根本靜不下來。每次我一坐下，就會胡思亂想。我辦不到，我的惡業深重，應先消除惡業，然後再回來嘗試禪修。」當然，試試看吧！看你的惡業是否能被消除。

所謂的「蓋」①，是我們必須學習的事。每次坐禪時，心很快就會跑開。我們跟著它，試著帶它回來，且再次觀察它，然

後它又跑開。這就是你應學習的！

　　多數的人拒絕從自然中學習功課，就如頑童拒絕做家庭作業般，不想看見心的變化，這樣怎麼可能增長智慧呢？我們必須如此和變化共處。當知道心一直在變化，這就是它的本質時，我們就會了解它。

　　假設你有隻寵物猴，猴子就是沒有定性，喜歡四處跳躍、亂抓東西。現在，你在寺院看見有隻猴子，牠也是活蹦亂跳，就如家裡的寵物猴一樣靜不下來。但牠不會造成你的困擾，不是嗎？你先前養過猴子，知道牠們的樣子，只要知道一隻，無論去到哪裡看見多少猴子，都不會被牠們所困擾，不是嗎？因為你是了解猴子的人。

　　若我們了解猴子，就不會變成猴子；若你不了解猴子，自己就可能變成猴子！你了解嗎？看見牠亂抓東西，你便尖叫：「喂，停止！」且因而生氣：「那隻可惡的潑猴！」那你就是個不懂猴子的人。

　　懂猴子的人了解，家裡的猴子和寺裡的完全相同。你為何要受牠們影響而惱怒？當了解猴子是什麼樣子時，那就夠了，就能得到平靜。

慧

覺知感受
即在修行「法」

　　平靜就是如此。我們必須覺知感受，有些感受令人高興，有些則令人討厭，但那並不重要，那是它們的事，就如同猴子。我們應了解感受，並知道如何放下它們。

　　感受是不確定的，是無常、苦與無我的。我們所感知的每件事都是如此，當眼、耳、鼻、舌、身、意接收到感受時，我們如同覺知猴子般地覺知它們，如此一來，就能得到平靜。

　　這些事一定存在，若沒有感受，就無法增長智慧。對於真正用功的學生來說，愈多感受愈好。但許多禪修者卻畏懼感受，不想面對它們。這就如同頑童不想上學、不想聽老師的話，這些感受隨時都在教導我們，當我們覺知感受時，就是在修行「法」。了解感受中的平靜，就如同了解這裡的猴子，當了解猴子的本質時，你就不會再被牠們所困擾。

「法」的修行並不遙遠
就在我們身邊

　　「法」的修行就是如此，它並不遙遠，就在我們身邊。「法」並不是關於高高在上的天使之類的事，它就只和我們以及正在

做的事有關。觀察自己，有時快樂或痛苦，有時舒適或難過，有時愛或恨，這就是「法」，你了解嗎？你必須去閱讀自己的經驗。

在能放下感受之前，必須先覺知它們。當了解感受是無常的時，它們就不會困擾你。一旦感受生起，只要對自己說：「嗯，這不是確定的事。」當情緒改變時，「嗯，不確定。」你就能平靜地對待這些事，就如看見猴子而不受影響一樣。覺知感受的實相，即覺知「法」，放下感受，就能了解一切都必然是不確定的。

在此所說的不確定性就是「佛」，「佛」就是「法」，「法」就是不確定性。凡是看見事物的不確定性者，就看見它們不變的實相。「法」就是如此，而那就是「佛」。若見「法」，就見「佛」；見「佛」，就見「法」。若你覺知事物的無常或不確定性，就會放下它們，不執著它們。

你說：「別打破我的杯子！」你能讓會破的東西永遠不破嗎？它遲早會破。若你不打破它，就有別人會；若其他人不打破它，就有一隻雞會！

佛陀說，接受它。由於洞見這些事的實相，他看見這杯子已破，他的了解就是如此，在未破的杯子裡看見破掉的。每次在

使用這杯子時，都應省察它已破了，時間一到它就會破。使用
這杯子，好好照顧它，直到它從手中滑落砸碎為止。沒事！為
什麼沒事？因為你在它破掉之前就已看見它破了！

「我真的很喜歡這杯子，」你說，「我希望它永遠不破。」
之後它被狗打破。「我要殺了那隻可惡的狗！」你恨那隻狗，
因為牠打破你的杯子。若你的小孩打破它，你也會恨他們。為
何會這樣？因為你已將自己封閉起來，水流不出去，你已築起
一座無法洩洪的水壩，水壩唯一的出路就是爆炸，對嗎？

當你建造水壩時，一定要預留洩洪道，當水漲得太高時，就
能安全地洩洪。你必須有個像這樣的安全閥，「無常」就是聖
者的安全閥，若你有「安全閥」，就會得到平靜。

不斷修行
以正念守護心

無論行、住、坐、臥，都要不斷地修行，以正念觀照與守護
心。只要心中有「佛」就不會痛苦，一旦心中無「佛」就會痛
苦，只要你喪失無常、苦與無我的思惟，就會有痛苦。

若能如此修行，那就夠了，痛苦不會生起，若它真的生起，
你也能輕易地擺平它，而這也會成為未來痛苦不再生起的因。

慧

這是修行的終點——痛苦不再生起。痛苦為何不再生起呢？因為我們已找到痛苦的因（集諦）。你無須再超越，這樣就夠了，在自己心中思惟這點。

基本上，你們都應將五戒當作行為準則，無須先學習三藏，只要先專注於五戒即可。起初你會犯錯，當意識到它時，就停止、回頭，並重新建立自己的戒。你可能會再次走錯路，又犯另一個錯，當意識到它時，立即重新整理自己。若你如此修行，則隨時隨地都會有正念。

若時間適合坐禪，就去坐，但禪坐不只是坐，必須讓心完全經驗各種事，允許它們流動，並思惟它們的本質。應如何思惟它們呢？了解它們是無常、苦與無我的，一切都是不確定的。「這好漂亮，我一定要擁有它。」那並不確定。「我一點也不喜歡這個。」這時告訴自己：「不確定！」這是真的嗎？當然，毫無疑問。但試試將事情當真：「我一定要得到這些東西……」那你就偏離正道了，別這麼做。

無論你多麼喜歡某件東西，都應思惟它是不確定的。有些食物看起來很可口，但你應該思惟，那並不確定。它可能看起來很確定、很可口，但必須告訴自己：「不確定！」若你想檢驗它是否確定，只要每天吃自己最喜歡的食物就好，提醒你是

「每一天」。最後，你將會抱怨：「這不再那麼好吃了。」會想：「其實，我比較喜歡另外那種食物。」同樣地，那也是不確定的！

修行須從觀察 自己身心的無常開始

有些人坐禪，會一直坐到陷入恍惚，幾乎就像死了一樣，無法分辨東西南北。別如此極端！若想睡覺，就起身行禪，改變姿勢，增長智慧。若真的累了，便休息一下，醒來就繼續修行，別讓自己陷入恍惚。你一定要如此修行，有理性、智慧與警覺。

修行，從自己的身與心開始，了解它們都是無常的。當你發現食物美味時，將這點記在心裡，一定要告訴自己：「那並不確定！」你必須先發制人，通常每次都是它先出手，不是嗎？若不喜歡什麼東西，你就會為它所苦。事物就是如此打擊我們的，你永遠無法反擊！

在一切姿勢中修行，行、住、坐、臥──你可以在任何姿勢下感受憤怒，對嗎？當在走路、坐著或躺下時，都會憤怒，你也可以在任何姿勢下感受貪欲。

慧

　　因此，修行一定要延伸到所有姿勢，它必須前後一致，別只是裝腔作勢，要真的去做！在坐禪時，有些事情可能會生起，在它平息之前，另一個又冒上來。每次當這些事出現時，都只要告訴自己：「不確定，不確定。」在它有機會打擊你之前，先出手。

　　現在，這是重點。若知道一切事物都是無常的，所有的想法便都會逐漸鬆開。當省察每件通過事物的不確定性時，你會看見所有事物走的都是同一條路。每次任何事情生起，你都只需要說：「哦，又來一個！」

　　若心是平靜的，它就會如寧靜的流水。你看過寧靜的流水嗎？就是那樣！你曾看過流動的水與寧靜的水，但可能從來未看過寧靜的流水。就在那裡，就在思想無法帶你達到的地方——就在平靜中，你能增長智慧。

　　你的心會如流水，但它是寧靜的，寧靜而流動，因此，我稱它「寧靜的流水」，智慧會在這裡生起。

【注釋】

①「蓋」是指障礙，即五蓋，是五種會障礙修定的煩惱——貪欲（對欲樂的欲求）、瞋恨、昏沉與睡眠、掉舉（散亂的心）與惡作（追悔）、疑。

【第十四章】勝義

以自我或世俗為實相
都只是盲目的貪著

當五比丘①放棄佛陀時，他將此視為難得的機緣，因為他將能毫無阻礙地繼續修行。五比丘放棄他，是因為他們覺得他已鬆弛修行，回復放縱。從前他矢志苦行，無論吃飯、睡覺等，都嚴厲地折磨自己。但後來他發現如此的修行是無益的，過去是出於我慢與執著而修行，誤以世俗價值與自我為實相。

例如，若有人為了獲得讚譽而投入苦行，這種修行是「世俗發心」——為了諂媚與名聲而修行。以此動機的修行，便是「誤以世俗之道為實相」。

另一種修行方式名為「誤以我見為實相」。你只相信自己和自己的修行，無論別人如何說，你都堅持己見，這便稱為「誤以我（見）為實相」。

無論是以世俗或自我為實相，都只是盲目的貪著。佛陀了解這點，並了解這種修行並不「如法」，不符合實相的修行，因此修行並無結果，仍未斷除煩惱。

慧

然後，他重新思考所做過的一切努力，那些修行的結果是什麼？深入檢視，他了解其中充滿自我和世俗，其中並沒有「法」，沒有無我的洞見，沒有「空」或徹底放下。

仔細檢視情況之後，佛陀了解到，即使他向五比丘解釋這些事，他們也無法理解。那並非他能輕易傳達給他們的事，因為他們還執迷於從前的修行方式和見解。佛陀了解他們會一直如此修行到死，也許甚至到餓死，仍一無所獲，因為這種修行的發心，是源自於世俗價值與我慢。

身體並非
貪欲或煩惱的來源

在深入思考後，他了解正確的修行——正道，即心是心，身是身。身體不是貪欲或煩惱的來源，即使你摧毀身體，也無法將煩惱摧毀，甚至絕食、不睡覺，直到骨瘦如柴，也無法斷除煩惱。但五比丘卻對如此的方法深信不移，他們相信透過苦行定可斷除煩惱。

佛陀於是開始進食，飲食逐步恢復正常，並以更自然的方式修行。當五比丘看見佛陀改變修行時，便認為他已放棄修行，重新耽著欲樂。佛陀的了悟已更上一層樓，超越了表象，但五

慧

比丘卻認為他是在向下沈淪，放縱欲樂。苦行的觀念深植於五比丘的心裡，因為佛陀過去就是如此教導與修行的，但現在佛陀已發現錯誤，並放棄它了。

當五比丘看見佛陀恢復正常修行時，他們離開了他。就如鳥兒飛離無法再提供足夠庇蔭的樹木，或魚兒游離太小、太髒或太熱的水池，五比丘放棄了佛陀。

因此，現在佛陀可以專心思惟法義。他吃得更營養，且活得更自然；他讓心就只是心，身就只是身。他不過度勉強自己的修行，只要足以放鬆貪、瞋、痴的箝制即可。

從前他行走於兩端，當快樂或喜愛生起時，他受到誘惑而生起貪著，認同它而不願放下，因此被困在其中，這是種極端。另一種極端是，過去和五比丘在一起時所修的苦行。他稱這兩種極端為「耽著欲樂」與「耽著苦行」。

佛陀過去就困陷在諸行中，他清楚了解這兩端皆非沙門之道。若執著它們，經常來回奔馳於兩端之間，將永遠無法成為覺悟世間者。現在，佛陀將注意力放在心本身和訓練心上。

自然的一切過程，皆是根據支持它們的因緣在進行。例如，身體感受疼痛、疾病、燥熱與寒冷等，這些都是自然地發生，本身並無問題。事實上，是人們太過擔心自己的身體，是邪見

導致他們太過擔心與執著身體，而無法放下。

我們只是
身體的客人

　　看看這間講堂，我們建造講堂，並宣稱它是我們的。但蜥蜴來住在這裡，老鼠與壁虎也來住在這裡，我們總是驅趕牠們，因為我們執著講堂是我們的，而非老鼠與蜥蜴的。

　　身體的疾病也是如此。我們將身體當作自己的家，是真正屬於我們的東西。若頭痛或胃痛，就會沮喪，而不希望有疼痛與痛苦。這些腳是「我們的」腳，手臂是「我們的」手臂，我們不希望它們受傷；這是「我們的」頭，我們不希望它出任何差錯。我們不惜任何代價，也要治好一切病痛和疾病。

　　這就是我們被愚弄並偏離實相的所在。我們只是身體的客人，就如這間講堂，它並非真是我們的，就如同老鼠、蜥蜴與壁虎，我們只是暫時的房客，但我們不了解這點。

　　事實上，佛陀教導我們，身體裡並無固定不變的「我」，但我們卻執著它為自己，認為它就是「我」。當身體變化時，我們不希望它如此，無論別人如何說，都無法了解。若我直截了當地說「這不是你」，你們甚至會更糊塗，甚至因而更困惑，

而你的修行只會更加深我見。

　　因此，多數人並非真的了解自我，真正了解的人知道那東西既非「我」，也非「我所有」。這是指應根據它們的真實本質去觀察諸行，知道諸行的真實本質，就是智慧。若不知諸行的真實本質，你就會和它們不睦，總是抗拒它們。那麼，是放下諸行比較好，或試圖反對與抗拒它們比較好呢？

　　然而，我們卻祈求它們應允自己的願望，尋找各種方法組織它們或和它們協商。若身體因生病而痛苦，我們不希望它如此，就會找出各種經典來讀誦，如《解結頌》(*Bajjhango*)、《轉法輪經》(*Dhammacakkappavattana-sutta*)與《無我相經》(*Anattālakkhaṇa-sutta*)等。我們不希望身體痛苦，而想要保護它、控制它。

　　這些經典很可能會變成某種形式的神祕儀式，為了除病與延壽等原因讀誦它們，讓我們更加陷入執著。事實上，佛陀的教導是為了幫助我們看清楚，但到頭來我們卻讀誦這些文字來增加愚痴。

　　我們讀誦「色無常、受無常、想無常、行無常、識無常」②，並非為了增加愚痴，而是為幫助了解身體的實相，好讓我們可以放下，並捨棄執著。

學習「法」
不是為增長我見

　　這就稱為割捨事物的讀誦，但我們卻常為延長它們而讀誦。或若覺得太長，就會嘗試將它縮短，迫使自然能符合我們的願望，這是愚痴。每個坐在這講堂裡的人都是愚痴的，不只讀誦的人愚痴，聽聞的人也愚痴，大家都愚痴！他們心裡想的都是：「我們如何才能避免痛苦？」不知他們修到哪裡去了？

　　每次生病，那些知道的人並不認為有何奇怪，出生到這世上來就一定會生病。當佛陀與聖者們生病時，會吃藥治療，那只是在調整四界而已，他們不會盲目執著身體或神祕儀式等事，是以正見對治疾病，而非愚痴。「若它痊癒，那它就痊癒；若它無法痊癒，那它就無法痊癒」──他們就是如此看待事物。

　　據說現今佛教在泰國正欣欣向榮，但在我看來卻已沒落到谷底了。現在講堂林立，隨處可聽到佛法，但他們卻是錯誤地聽聞──即使資深的佛教徒也是如此。因此，人們是以盲引盲，只會帶來更多的迷惑。

　　那些人怎麼可能超越痛苦呢？他們為了覺悟實相而誦經，卻反而讓自己更加愚痴。他們背離正道，一個向東，另一個向西，如何能與正道交會呢？兩者甚至彼此無法靠近。他們誦

慧

經，是以愚痴而非智慧讀誦；他們學習，是愚痴地學習；他們知道，是愚痴地知道。

因此，最後他們是愚痴地行、愚痴地活，且愚痴地知道。事實就是如此。那麼，教導呢？他們現在做的只是教導人變笨，他們說自己是在教人變聰明，是在傳授知識，但當從實相的角度來看它，就會了解他們其實是教人誤入歧途與執著假象。

成立教法的真正目的，是為了了解「我」是空的，並無固定不變的實體。但人們來學習「法」，卻反而增長我見，因此不想經歷痛苦或困難，而希望所有事情都能恰如所願。他們可能也想超越痛苦，若自我仍然存在，如何能辦得到呢？

破除表象
才能發現勝義

假設我們擁有個貴價物，在它成為我們的所有物那一刻，我們的心就改變了。「現在，我可以將它收到哪裡去呢？若我放在那裡，很可能會被別人偷走。」我們讓自己陷入不安，試圖找出一個地方來收藏它。心何時改變？就在得到那件物品的那一刻——痛苦就在那時生起。無論將那件物品放在哪裡，我們都不放心。無論站著、坐著或躺著，都惶惶不安。

慧

　　這就是苦，它在何時生起？就在我們意會自己得到某件東西的那一刻。在未得到之前並沒有痛苦，它還未生起，因為還沒有東西可以執著。

　　「我」也是如此。若我們以「我」的觀點去想，則身邊的每件東西都會變成「我的」，迷妄便隨之而來。關鍵就在於有個「我」；我們並未剝除表象，看見勝義③。你們了解嗎？自我只是個表象，必須剝除它，才能看見事物的核心，那就是勝義。只有破除表象，才能發現勝義。

　　我們可用打穀子來做比喻。在能吃到米飯之前，必須先打穀子。去除稻殼後，才能得到裡面的米粒。

　　若不打穀子，就得不到米粒。就如一隻狗睡在成堆的稻穀上，牠的肚子餓得咕嚕作響，但牠只能躺在那裡想：「我能去哪裡找到吃的東西呢？」當牠飢餓時，放著成堆的穀子，四處去找殘羹剩飯，即使就睡在成堆的食物上，卻一無所知。為什麼？因為牠不能吃稻殼。食物就在那裡，狗卻無法吃它。

　　我們可能有學習，若不照著修行，就會像睡在稻穀堆上的狗一樣無知。那很丟臉，不是嗎？現在也是如此，有米在，但它藏在哪裡呢？是稻殼將米藏了起來，使狗無法吃它。其實勝義一直存在——它藏在哪裡？是世俗表象覆蓋了勝義。人們就坐

在稻穀堆上，卻無法吃它。

換句話說，無法修行就無法看見勝義，他們一再地執著表象。若執著表象，就是在蓄積痛苦，而受困於有、生、老、病與死。

因此，沒有別的事會障礙人，他們就是被困在這裡。人們學習「法」，卻無法洞見它的真實意義，那就如同躺在稻穀堆上的狗，無論學習多少「法」，若不修行，就看不見它。

這也如同某些甜果子，雖然水果很甜，但一定要親自品嘗，才會知道是什麼滋味。而那水果即使無人品嘗，它仍一樣香甜，只是無人得知而已。

佛陀的「法」就是如此，雖然它是真實的，但對不知道的人而言，它並不真實，無論它是多麼地卓越或美好，也都毫無價值。

人們想追求快樂
心却製造許多痛苦

人們為何會受到痛苦的影響呢？沒人想要痛苦，然而，人們卻一直在製造痛苦的因，彷彿四處在尋找它。人們心裡想追求快樂，但他們的心卻製造許多痛苦。只要如此觀察就夠了，它

之所以存在，是因為不知道苦。我們不知道苦，不知道苦因、苦滅，以及滅苦之道。就是因為如此，人們才會那樣做。

這些人都有邪見，卻不認為這是邪見。一切會造成痛苦的說法、信念或作法都是邪見，若不是邪見，就不會造成痛苦，我們也完全不會執著快樂、痛苦或任何情況，而會讓事情如水流般順其自然，我們不會去控制它，只會讓它順著自然的路徑流動。

法流就像這樣，但無明的心流卻試圖在邪見的形式下抗拒「法」。它雖然四處流動，能到處指出其他人的邪見，卻看不見自己的邪見。這點值得深入探討。

多數人都還被困在痛苦中，在輪迴中流浪。若出現疾病或疼痛，只會想到如何消除它，希望它儘快停止，而不會認為這是諸行的正常方式。人們無法接受身體的變化，想盡辦法要消除病痛，然而最後還是輸了，無法打敗實相。一切終歸壞滅，這是人們所不願正視的。

見法、知法、修法、證法
才能放下重擔

修行最殊勝的事，就是領悟「法」。為何佛陀必須要長養一

切德行④呢？如此他才可能領悟「法」，並讓其他人也都能見法、知法、修法與證法──如此一來，他們才能放下重擔。

快樂與痛苦的生起，都一定要有個自我，要有「我」和「我的」的表象。若這些事一生起，心立即趨向勝義，就能除去表象，除去對那些事物的喜歡、厭惡與執著。就如遺失珍愛的東西，當重新找到它時，我們的不安就會消失。當培養「法」的修行，而達到「法」、見到「法」後，每次一遇到問題，我們都能立刻當下解決問題，它完全消失、放下、解脫。

我們為何仍無法達到、放下？那是因為還未清楚地看見過患，我們的認識是有缺陷的。若如佛陀和阿羅漢弟子們一樣清楚地知道，就一定會放下，而問題也會毫無困難地完全解決。

當你的耳朵聽到聲音時，就讓它們做自己的工作；當眼見色而執行功能時，就讓它們如此做；當鼻嗅香時，讓它做自己的工作；當身觸受時，讓它執行其自然功能。若我們只讓感官執行其自然功能，問題怎麼會發生？根本不會有問題。

同樣地，那些屬於表象的事物，就讓它們歸於表象，並認出何者為勝義。只要做個「覺知者」，覺知而不固著，覺知並讓事物回歸自然。

要覺知「法」，你們必須以此方式覺知，換句話說，以超越

慧

痛苦的方式覺知。這種知識很重要：覺知如何做事、如何使用
工具，以及覺知一切世上各種科學，都有它們的位置，但那並
非最高的知識。必須以我在此所解釋的方式去覺知「法」，無
須先知道太多，對於「法」的修行者而言，只要這樣就夠了
——覺知，然後放下。

你知道，這並非說必須死後才能超越痛苦，在此世就能超越
痛苦，因為你知道如何解決問題。你知道表象和勝義，就在此
修行，就在此生覺悟。

當我們堅持自己是對的 便已走入邪見

你可能會好奇：「為何阿姜一直說這個？」除了實相之外，
我還能教什麼？但雖然它是實相，也不要緊抓著它！若你們盲
目地執著它，它就會變成謬誤。這就如抓住一隻狗的腳，若你
不放手，狗就會團團轉，並且咬你。

試試看，若不放手，你一定會被咬。表象的世界也是如此，
我們依照世俗法生活，若將它們抓得太緊，它們就會帶來痛
苦。只要放手，讓事情過去。

當我們堅持自己一定是對，因而拒絕對其他任何事或人開放

時，就是走錯了，已走入邪見。當痛苦生起時，它從哪裡生起？就從邪見生起。

因此我說：「要空，不要執著」。「對」只是另一個假設，只要讓它通過；「錯」則是另一個表象，只要隨它去。若你覺得自己是對的，而別人卻說你錯，別爭辯，只要放下，一旦覺知就放下，這是正道。

通常情況並非如此，人們彼此互不相讓，那就是為何有些人，甚至連修行人，都還無法覺知自己的原因。他們可能會說些愚不可及的話，卻自以為很聰明，或說些讓別人聽不下去的蠢話，而自以為比別人更聰明。有些人連「法」都聽不進去，卻自以為很精明，自己才是對的，他們只是在宣傳自己的愚蠢罷了！

任何漠視無常的言語 皆非智者之言

所以，智者說：「任何漠視無常的言語，皆非智者之言，而是愚者之言。那是困惑之言，是不知痛苦即將在那裡生起的人所說。」例如，假設你明天決定去曼谷，有人問你：「你明天要去曼谷嗎？」你回答：「我想去曼谷。若無耽擱，我可能會

去。」這就稱為心中有「法」的言語，是心存無常之言，有考慮到實相——世間短暫與不確定的本質。你不會脫口就說：「是的，我明天一定會去。」

不止於此，修行變得愈來愈微細。若你未看見「法」，明明是錯的，卻可能自以為對，其實字字句句都偏離實相。簡單來說，我們所說或所做的任何事，凡是會造成痛苦的，就應被視為邪見，那是愚癡與無明。

大多數的修行人並不如此思惟，凡喜歡的就認為是對，他們只相信自己。若收到一個禮物、一個頭銜、一次晉升或一句讚美，就認為很棒，並因而驕傲與自大。他們不會思惟：「我是誰？這個好是好在哪裡？它來自何處？別人也是同樣的嗎？」

學習在當下
解決自己的問題

佛陀教導我們，應以平常心處事。若不認真考慮這一點，愚癡仍會深埋在我們心底——我們依然會被財富、地位與名聲所蒙蔽。我們由於它們而變成另一個人：認為自己比以前更好，自己是特別的。

事實上，人其實並沒有什麼，無論我們怎樣，都只是表象。

若移除表象，看見勝義，就會了解那裡並沒有任何東西。只有普遍的特徵——開始時出生，中間變化，最後滅去。若看見這點，問題就不會生起，我們就會知足與平靜。

只有當我們如五比丘一樣思考時，麻煩才會生起。他們起先遵從老師的指導，當老師改變修行時，卻無法了解他。他們認定佛陀已放棄，且回復放縱。我們可能也會如此做，執著舊方式，並認為只有自己才對。

因此我說：修行，同時也要觀察修行的結果，特別是在你拒絕遵循老師或教法，雙方有衝突時。無衝突時，事情都很順暢；在有衝突與不順暢時，你就製造出自我，並讓事情僵化，執著己見，這是「見慢」(diṭṭhi māna)。即使是對的事，若執著它，拒絕對任何人讓步，那它也會變成錯的。固執正確只是生起自我，而沒有放下。

這點帶給人許多麻煩，除了那些了解的修行人之外。若能了解，且是個機敏的行者，你們的反應是即時的，二話不說就放下。執著一生起，便立即放下，能迫使心當下就放下。

你們必須了解這兩種功能的運作：執著與抗拒執著。你們每經歷一次法塵，就應觀察這兩種功能的運作。只要看著它們，經常如此思惟與修行，執著就會減輕，變得愈來愈少。正見增

長，邪見逐漸消退；執著減少，不執著會生起，對每個人而言都是如此。

請深思這點，學習在當下解決自己的問題。

【注釋】

①五比丘是佛陀成道後，初轉法輪所度化的五位弟子——憍陳如、跋提迦、衛跋、摩訶那摩、阿說示。他們原是淨飯王選出隨侍悉達多太子學道的人，與太子共修苦行。悉達多以六年苦行未能達到解脫，所以放棄苦行，追求中道，接受牧羊女乳粥的供養。憍陳如等人以為悉達多退失道心，遂離開他而赴鹿野苑苦行林繼續苦修。悉達多成道後，因念此五人當先度脫，故至鹿野苑為說四聖諦、八正道等法。五人最終放棄苦行，追隨佛陀出家，佛教僧團於焉成立。

②「色無常、受無常、想無常、行無常、識無常」，這些偈頌是早課的一部分。

③勝義 (paramattha)，又作第一義、真實，是指事物基於其各自的自性而存在之法，是最終存在而不可再分解的單位，由親身體驗、如實地分析而知見的究竟法。如「男人」、「女人」看似實有（世俗諦），其實只是由無常的名、色過程所組成的現象，無一可以執取（勝義諦）。

④一切德行是指十波羅蜜，參見第七章注①。

慧

【第十五章】趨向無為

　　聞法的要點是，首先是對還不了解的事，建立起一些了解，
澄清它們；其次，是增進對已了解事物的領會。

　　我們必須依賴「法」的開示來增進了解，關鍵因素即是聆
聽，心是重要的元素，它能認知好壞與對錯。若失去正念一分
鐘，我們就是瘋狂了一分鐘；若失去正念半小時，我們就是瘋
狂了半小時。心失去正念多久，我們就是瘋狂了多久，那就是
為何聞法時要特別注意的原因。

學習「法」的目的
是為了止息痛苦

　　世上一切眾生都難逃痛苦的折磨，學習「法」的目的就是為
了徹底消滅痛苦。

　　痛苦之所以會生起，是因為我們並未真正覺知它。無論我們
如何嘗試透過意志力或財富去控制它，都不可能；唯有透過正
念、正知，覺知它的實相，它才可能消失。這不只適用於出家
人——比丘、比丘尼與沙彌，同時也適用於在家人，任何人只
要覺知事物的實相，痛苦就會自動止息。

好與壞的狀態都是恆常的實相，「法」的意思就是「恆常展現自己」。混亂就維持它的混亂，平靜則維持它的平靜，好與壞都各自維持它們的情況，就如同熱水維持它的熱——它不會為任何人而改變，無論你是老或少，或是何種國籍，它都是熱的。

因此，「法」被定義成「維持它的情況」。在修行中，必須知道冷熱、對錯、好壞，例如若知道不善法，我們就不會去製造讓它生起的因。

這就是「法」的修行。但有許多人研究、學習它、修行它，卻仍不能與「法」相應，無法止息心中的不善因與動亂。只要熱的因還在，就無法避免那裡會有熱。同樣地，只要迷妄的因還在心裡，就無法避免它，因為它就從這源頭生起，只要源頭未消除，迷妄就會再次生起。

每次做好事，善就會在心中生起，它是從因生起，這就名為「善」。當了解因，我們就能創造它們，而果也自然隨之而至。但人們不常創造這正確的因，他們很想要善，然而卻不做好事，所得的都是惡果，讓心捲入痛苦之中。

人們現在都只想要錢，認為只要得到夠多的錢，一切就沒問題了。因此，他們將時間都花在找錢上，而不追求善。這就如

想要肉，卻不使用鹽保存，而將肉放在屋裡，任其腐壞。那些想要金錢者，不只應知道如何賺錢，同時也要知道如何保管它。若你想要肉，不能買回來後就什麼都不管，它只會爛掉。

這種想法是錯誤的，錯誤思考的結果就是混亂與迷妄。佛陀教導「法」，好讓人能根據它來修行，進而知法、見法與證法──讓心成為「法」。當心成為「法」時，就會達到快樂與知足。生死輪迴存在這世間，而止息痛苦也同樣是在這世間。

身體無法超越痛苦
心却能超越渴愛與執著

因此，修行佛法就是為了讓心超越痛苦。身體無法超越痛苦──一出生，它就得經歷老、病、死等苦，只有心能超越渴愛與執著。佛陀的一切教導[1]，就是到達這目的的善巧方便。

例如，佛陀教導的「有執受行」(upādinnaka saṅkhāra)和「無執受行」(anupādinnaka saṅkhāra)。「無執受行」通常定義成「無生物」──樹、山、河等；「有執受行」則定義成「有生物」──動物、人等。

多數學「法」者都將這視為理所當然，但深入思考這件事，若省察人心如何著迷於色、聲、香、味、觸、法，就會了解其

慧

實沒有任何東西是無執受的。只要心中還有渴愛，所有事物都會變成「有執受行」。

只研究「法」而不修行，就無法覺知它的深刻意義。例如，我們可能認為，講堂、桌子、板凳等都是無生物，是「無執受行」。我們只看到事物的一面，只要試著拿把鐵鎚砸碎其中一些東西，就會知道它們是不是「有執受行」了！

那是心在執取桌子、椅子，以及一切屬於我們的東西，並照料它們。即使當杯子破掉時，它也會感到痛，因為我們的心在乎那只杯子。無論是樹、山或任何事物，只要感覺是我們的，就會有個心在照料它們──它們自己的或別人的。這些都是「有執受行」。

身體也是如此，通常我們會說身體是「有執受行」，執取身體的心所就是「取」，心執取身體，並執著它是「我」與「我的」。

如同盲者無法想像顏色，無論看哪裡，他們都看不到顏色。被渴愛與愚痴障蔽的心就是如此，一切意識的所緣，如桌子、椅子、動物等一切事物，都成為「有執受行」。若相信有個固定不變的自我，心就會貪著一切事物，一切自然的事物都變成「有執受行」，一直都有渴愛與執著。

慧

只要心有執著
就無法從有為的世間跳脫

　　佛陀說「有為法」與「無為法」。有為法是無數的事物，包括物質或非物質的、大或小的，若心是在迷妄的影響下，它就會造作出這些事，將它們區分成好壞、長短、粗細等。為何心會如此造作呢？因為它不知道世俗諦、不知道有為法。

　　不知道這些事，心就見不到「法」；一旦見不到「法」，心就充滿執著；只要心有執著，就無法從有為的世間中解脫。沒有解脫，就會有煩惱與生、老、病、死，即使在思想的過程中也是如此，這種心就稱為「有為法」。

　　「無為法」是指心已見到「法」，五蘊的實相是無常、苦與無我的。一切「我」、「我的」、「他們」或「他們的」的概念，皆屬於世俗諦，它們即是一切有為法。若知道有為法的實相，就知道世俗法的實相；當知道有為法「既非我，亦非我的」時，就能放下有為法與世俗法。

　　當放下有為法時，就能達到「法」，進入並了解「法」。當達到「法」時，就能清楚地覺知。覺知什麼？我們覺知只有有為法與世俗法，沒有「我」、「我們」或「他們」，這就是如實覺知的智慧。

慧

　　如此看事情，心就能超越它們，身體可能會老、病、死，但心能超越這些狀態。當心超越有為法時，就能覺知無為法。心變成無為的──不再包含世間有為的狀態，它不再受到世間法的制約，有為法不再能染污心，樂與苦都不再能影響它，沒有任何東西能影響心或改變它，心已跳出一切造作。了解有為法與各種決意的真實本質，心就會變得自在。

　　這自在的心就稱為「無為法」，它超越造作影響的力量。若心不是真的知道有為法與世俗法，就會被它們所左右，遇到好、壞、樂或苦，它都會一發不可收拾。

　　之所以如此，是由於還有一個因在。這個因，就是相信身體（色）是「我」或「我的」；受是「我」或「我的」；想是「我」或「我的」；行是「我」或「我的」；識是「我」或「我的」。我見，是苦與樂，以及生、老、病、死等的源頭。這是世俗心，是有為法，在世間因緣的牽引下輪迴與變遷。

見法──
看見事物的實相

　　若得到一些意外的收穫，我們的心便受到它的制約。那所緣驅使心進入愉悅的感覺中，但當它消失時，心便又回到痛苦

中。心變成有為法的奴隸、貪欲的奴隸。無論世間如何對它呈現，它都會隨之移動。這個心缺乏庇護，它對自己缺乏信心，還未得到自由，仍缺乏安定的基礎。

你可以省察，連一個小孩都能讓你生氣。連小孩都能矇騙你——讓你哭、讓你笑、讓你做各種事，連老人都會受騙。有為法一直引導迷妄的心，讓它做出無數的反應，諸如愛與恨、樂與苦等。它們如此引導我們，因為我們被它們所奴役。我們是渴愛的奴隸，渴愛發號施令，我們只能服從。

我聽到人們抱怨：「噢，我真慘！早晚都得下田工作，沒時間待在家裡。每天中午我都得在烈日下工作，沒地方遮蔭。若天氣變冷，我也不能待在家裡，一定得去工作。我被壓得幾乎快喘不過氣來了。」

若我問他們：「你們為何不乾脆出家當比丘？」他們說：「我不能離開，我有責任在身。」渴愛將他們拉回來。有時當你正在犁地時，可能會急著解尿，你只好邊犁地邊解尿，就如水牛一樣！渴愛就是如此奴役著他們。

當我問：「事情進行得如何？你們還沒時間來寺院嗎？」他們說：「啊！我真的抽不出身。」我不知是什麼讓他們陷得如此深！這些都只是有為法、假象。佛陀教導我們如實觀察這些

表象，這就是見法——看見事物的實相。若你們真的看見這兩件事，就應拋開它們、放下它們。

無論你接收到什麼，它都沒有固定不變的實體。起初它似乎很好，但它終究會變壞。它讓你愛，也讓你恨；讓你笑，也讓你哭；它讓你隨它擺佈。為何會這樣？因為心尚未調伏。

身心不斷生滅
處於持續變動的狀態中

在先人的時代，當人過世時，他們會邀請比丘們前來念誦無常偈：「諸行無常，是生滅法，生滅滅已，寂滅為樂。」一切有為法都是無常的，身與心兩者都是無常的，它們無法維持固定與不變。

在這身體裡，有什麼東西不會改變？頭髮、指甲、牙齒、皮膚，它們現在還和過去一樣嗎？心——它穩定嗎？想想僅在一天中，它就生滅了多少次？因此身與心不斷生滅，處於持續變動的狀態中。

你無法如實看見這些事的原因，因為你一直都相信不實的事。就如被盲人帶領進入森林與灌木叢中，連他自己也看不見，又如何能安全地帶領你？

慧

同樣地，我們的心被有為法所蒙蔽，在追求快樂的過程中製造了痛苦，在追求輕鬆的過程中製造了困難，正好適得其反，然後我們就只會抱怨。我們創造了惡因，而如此做的原因，是因為不知表象與有為法的實相。

有為法，包括「有執受行」與「無執受行」，都是無常的。修行時，「無執受行」並不存在，有什麼東西是「無執受行」呢？即使是你自己的馬桶，你可能認為它是「無執受行」——試著叫人用大錘子將它砸碎看看！他可能得去和警察辯解了。

心，緣取一切事物，甚至屎與尿。除了洞見實相者之外，沒有「無執受行」這東西。表象都是心構設出來的，我們為何必須構設它們呢？因為它們並非真的存在。

例如，假設某人想要為他的土地製作地標，他可能會拿塊木頭或石頭放在地上，並稱它為地標。只有在我們指定某件東西的特殊用途時，它才會變成地標。同樣地，我們「訂定」了城市、人、牛——一切事物！為何我們必須構設這些東西？因為它們並非真的存在。

類似「僧侶」與「在家人」的概念，也是約定俗成的，我們創造它們，因為它們並非真的存在。這就如一個空盤子——你可以放任何想放的東西，因為它是空的，這是世俗諦的本質。

慧

男人與女人都只是世俗的概念，和我們周遭一切事物相同。

心不再被世間苦難拖累
修行便結束了

　　若你們了解世俗法的實相，就可以得到平靜。但若你們相信人、生物、「我的」、「他們的」等是不變的實體，則無可避免地會為它們哭或笑。若將這些東西當作我們的，就永遠會有痛苦，這是邪見。

　　我們都迷失在世俗諦中，所以，比丘們會在葬禮中唱誦：「諸行無常，是生滅法。」因為那是實相。有任何東西是出生之後不會消滅的嗎？人出生之後就會死亡，情緒生起後就會消退。你們曾看過有人連續哭三、四年的嗎？你們可能看過有人頂多哭一整夜，然後眼淚就流乾了。

　　「生滅滅已，寂滅為樂。」偈誦是如此說的。若我們了解有為法，並因而止息它們，那就是最大的快樂。這是真正的功德，讓有為法止息，止息「眾生」的重擔，超越這些事之後，人就能看見無為法。這表示無論發生什麼事，心都不會對它造作，沒有任何事能讓心失去平衡。你還能期待什麼？這就是終點與結束。

慧

　　佛陀教導事物的實相，我們供養與聞法的目的，就是為了追尋與了解這個。若我們了解，就無須去研究觀禪，它自己會發生。「止」與「觀」的生起，和其他因緣法一樣，都有其因緣。覺知的心超越這些事，已達到修行的頂點。

　　我們的修行、探索，就是為了超越痛苦。當「取」結束時，「有」的狀態就跟著結束；當「有」的狀態結束時，就不再有「生」與「死」。當事情順利時，心不欣喜；當事情不順利時，心也不悲傷。心不再被世間的苦難所拖累，因此修行便結束了。這是佛陀教導的根本原則。

　　佛陀教導「法」，是要讓人使用的，甚至當人臨終時，也有「寂滅為樂」的教導。但我們卻不平息有為法，相反地還執著它們，好像比丘們是如此教我們的一樣。我們執著它們，並為其哭泣，就這樣迷失在有為法之中。天堂、地獄與涅槃，都是在這裡找到。

佛陀的一切教法
都和心有關

　　人們通常對世俗諦無知，認為事物都依其自性而存在。當書上說，樹、山、河等都是「無執受行」時，這是將事情簡化，

因為它們無關痛苦——如同世間根本沒有痛苦。

這只是「法」的表皮，若根據勝義諦來解釋，就會了解這些都是人的貪欲在作祟。當人們會為了一根細針而打小孩時，你怎麼能說事物無力造成事件，說它們是「無執受」的？無論是個盤子、杯子或一塊木板——心緣取這一切事物，只要看看若有人將其中一樣砸碎會發生什麼事，你就知道了，一切事物都可能如此影響我們。完全覺知這些事是我們的修行，審視那些有為與無為、執受與非執受的事。

誠如佛陀所說，這是「外在教法」的一部分。有次佛陀在一座樹林裡，他拾起一把樹葉問比丘們：「比丘們，我手上的樹葉和森林裡的落葉相比，何者較多？」

比丘們回答：「世尊手上的樹葉比較少，森林裡的落葉顯然比較多。」佛陀便說：

同樣地，比丘們！如來的全部教法很淵博。但他知道的許多事和事物的本質無關，它們和離苦之道並非直接相關。「法」有許多面向，但佛陀真正希望你們做的，是去解脫痛苦，去探索事情，放下對色、受、想、行、識等五蘊的貪愛與執著。停止執著這些事，你們就能解脫痛苦。

　　這些教導就如佛陀手上的樹葉，你並不需要很多，只要一些就夠了。至於其他的部分，無須杞人憂天。就如廣袤的大地充滿青草、土壤、高山與森林，上面並不乏岩石與卵石，但這些岩石全部加起來，也不及一顆寶石的價值。

　　佛陀的「法」就像這樣，你並不需要很多，一切外在教法，其實都和心有關。無論你研究三藏、阿毗達磨或任何東西，別忘了它來自何處。

最好禪修的地方
就在你心裡

　　談到修行，你真正唯一需要的是由誠實與正直開始，無須大費周章。你可能未研究過三藏，但還是認得出貪、瞋、痴，不是嗎？你從哪裡學習這些事？必須讀三藏或阿毗達磨才會知道貪、瞋、痴嗎？那些事早就存在你的心裡，無須去書裡找尋它們，佛法就是為了探索與斷除這些事。

　　讓覺知從你的心中自然散發出來，你就會正確地修行。若你想看火車，就去中央車站，無須沿著北線、南線、東線與西線遍遊全程，去看所有的火車。若你想看每輛火車，那最好在大

慧

中央車站等，那是一切火車的終點站。

有些人對我說：「我很想修行，但不知如何做。我不適合研究經典，我老了，記不住東西了。」只要看這裡，就在「中央車站」，貪、瞋、痴都在這裡生起。只要坐在這裡，就會看見一切生起，就在此修行，因為你就被困在這裡。世俗法在此生起，「法」也在此生起，任何地方都能修行佛法。

很早以前，我因不知如何修行，一直害怕自己修錯了，故而四處行腳尋找老師。我經常從這山到另一山，從這地方到另一個地方，直到停下來省察為止。現在，我了解我在做什麼。我過去一定很笨，因為當我四處行腳找地方禪修時，並不了解最好的地方就在我的心裡。

一切你想要的禪定，都在你的心裡，所以，佛陀要說：「智者自知。」以前我讀過這些文字，但當時並不了解其義。我四處行腳尋找地方禪修，最後在即將力竭而死時才停下來，那時才發現正在尋找的東西，就在我的心裡。因此，現在我才能告訴你們這點。

愈忽視修行
心愈往下沈淪

慧

　　有些人可能會說你們無法在家修行，因那裡有太多障礙。果真如此，那麼連吃飯、喝水都可能會變成障礙。若吃飯是修行的障礙，那就不要吃！有些人可能會說，身為在家人無法修行，因周圍太擁擠了。若你住在擁擠的地方，就觀察那個擁擠，你能使它開闊。心已被擁擠迷惑，因此訓練它覺知擁擠的實相。

　　你愈忽視修行，就愈不重視上寺院聞法，心就愈會向下沈淪，像隻青蛙鑽進洞裡。有人拿鉤子來，青蛙就完了，牠們毫無機會，只能坐以待斃。因此，別讓自己鑽進牛角尖──有人可能會拿鉤子把你鉤上來。

　　在家裡被兒孫煩擾，你甚至比青蛙還慘！你不知如何脫離這些事。面臨老、病、死，你該怎麼辦？這些都是來抓你的鉤子，你能逃到哪裡去？

　　全神貫注在子女、親屬與財產上，這就是我們內心所處的困境，不知如何放下它們，沒有戒或慧的幫助是無法解脫的。當色、受、想、行、識造成痛苦時，你總是被困在其中。這痛苦為何會生起？若不觀察，你永遠不會知道。若快樂生起，你只會陷在其中而沾沾自喜，不會問這快樂從何而來。

慧

在任何地方皆可修行
因為心總跟著你

因此，改變你的了解，便可在任何地方修行，因為心總是跟
著你。坐著時若有好的想法，清楚覺知它們；若有壞的想法，
也清楚覺知。躺著時也是如此，只要觀察自己的心。

佛陀的教法告訴我們，要觀察自己，別追求時尚與迷信，所
以他說：

戒帶來幸福，戒帶來財富，戒帶來涅槃。因此，要持戒清淨。②

「戒」是指我們的行為，善有善報，惡有惡報。別期待天神
會為你做什麼，或天使與護法神會保護你，或吉日吉時會幫助
你。這些事都不是真實的，因此別相信它們，若相信就會痛
苦。你會一直等待良辰吉日，或天使與護法神的幫助，你只會
痛苦。觀察自己的身與口，觀察自己的業。做善事，就會有善
報；做壞事，則會有惡果。

若你了解，善與惡、對與錯都存在你心裡，就不必去其他地
方找尋它們，只要在它們生起的地方尋找即可。若在這裡掉東
西，就得在這裡找回來。即使你一開始找不到它，仍得持續在

遺失的地方尋找，但通常我們在這裡遺失，卻到別處尋找，何時才找得到呢？善行與惡行都存在你們的心裡，只要持續在那裡尋找，有天一定會看得到。

眾生都依自己的業而活，什麼是「業」？人們太容易受騙了，若你做壞事，他們說魔王 (yāma) 就會將它記在簿子上，當你到達那裡時，他便拿出簿子審問你。你害怕死後的魔王，卻不知道魔王就在自己的心裡。若你做壞事，即使是獨自偷偷摸摸地做，魔王也都知道並把它記下來。你可能做得很隱密，完全沒被人看見，但「你」看見了，不是嗎？魔王統統都看見了，絲毫沒有遺漏。

你們有人偷過東西嗎？我們之中可能有少數人做過賊。我們都知道自己的意圖，行惡就會有惡果，行善則會有善報，你無處可躲。即使別人沒看見，你也一定看得到自己，即使躲入深洞裡，你還是找得到自己。你不可能犯下惡行，卻能僥倖逃得過惡果。

同樣地，你為何不看看自己的清淨行為呢？平靜與激動、解脫與束縛，你全都看見，我們清楚看見這一切。在佛教中，一定要清楚地覺知自己的一切行為。我們不會如婆羅門，進到你家裡說：「願你健康快樂，願你長壽。」佛陀不會如此說。疾

慧

病如何能說一說就消除呢？

佛陀對待疾病的方式是說：「在你生病之前，發生過什麼事？是什麼導致你生病？」然後，你告訴他事情的經過。「哦！它就如此，是嗎？服這帖藥試試看。」若那帖藥無效，他就會開另外一帖。這方法很可靠，完全合乎科學。

至於婆羅門，他們只是在你的手腕上綁一條線，然後說：「好，要幸福，要健康！在我離開後，你就立即起身，去吃頓豐盛的大餐。」無論你付他們多少錢，病還是不會好，因為他們的方法沒有科學的基礎，但人們就喜歡相信這一套。

了解一切都是有為法就能自在

一切事物只是如實存在，它們本身並不會造成痛苦。就如一根尖刺，它會讓你痛苦嗎？不，它只是一根刺，不會招惹任何人，但若你站到它上面，就會痛苦。

刺只管自己的事，它不會傷害人，那是因為我們自己，所以才會有痛苦。色、受、想、行、識──世上的一切事物都只是如實存在，是我們去找它們的碴兒，若打它們，它們就會回擊我們；若不理會，它們並不會妨礙任何人，只有狂妄的醉漢才

會找它們的麻煩。

你若認為「我很好」、「我很壞」、「我很棒」或「我很差」，那都是錯誤的想法，若能了解這些想法都只是各種有為法，那麼當別人說「好」或「壞」時，就可以很自在。只要你還將它們看成「我」和「你」，就會如有大黃蜂嗡嗡地飛來叮你，大黃蜂來自牠們的三個窩——身見、疑與戒禁取③。

佛陀只帶你到解脫道的起點
其他的必須靠自己

一旦深入觀察世俗諦與有為法的真實本質，「我慢」就無法獲勝。其他人的父母就如自己的父母，子女就如自己的子女；看其他人的痛苦，就像是自己的痛苦。如此一來，我們就能和未來佛面對面，它並不是那麼困難。所有人都是同舟一命，然後天下就會太平。若你想等到未來佛彌勒尊者降世，那就別修行，你大概可以一直混到看見他（約五十七億六千萬年後），但他可沒那麼瘋狂，會收這種人做弟子！

許多人就只會懷疑，若對自己不再懷疑，則無論別人怎麼說你，都不會在乎，因為你的心已放下，它是平靜的。平息了有為法，你不再執著修行的形式——那老師差勁、那地方不好、

慧

這是對的、那是錯的。沒有這些事，這些想法都被消弭了，你和未來佛面對面。那些只會合掌祈求的人，永遠到不了那裡。

這就是修行。佛陀只帶領你到解脫道的起點，「如來只是指出道路」。以我而言，他只教導這麼多——就如我教你們的——其他的全靠我自己。我只能帶領你們到解脫道的起點，現在，就看你們的了。

【注釋】

①教導 (pariyatti)：學習、教法或聖典，是指佛教的理論層面。此字通常和另兩個佛教層面有關——行道 (paṭipatti)與通達 (paṭivedha)。因此，順序是學習→行道→通達。

②這是傳統授戒尾聲，以巴利語說的句子。

③身見 (sakkāyadiṭṭhi)、疑 (viccikicchā) 與戒禁取 (sīlabbataparāmāsa) 是十結 (samyojana) 中的前三結，是將心綁在生死輪迴中的煩惱，斷除這三結即名為「入流」——四沙門果中的初果。

慧

【第十六章】結語

修行是內在
而非外在的學習

　　你知道修行會在哪裡結束嗎？或你只是持續如此學習？那沒問題，但它應是內在的學習，而非外在的學習。對於內在的學習，你必須學習眼、耳、鼻、舌、身、意，那才是真正的學習。研究書本只是外在的，它很難完成修行。

　　當眼見色時，會發生什麼事？當耳、鼻與舌經驗到聲、香、味時，會發生什麼？當身與心接觸到觸與法時，會有何反應？那裡仍有貪、瞋、痴嗎？我們是否迷失在色、聲、香、味、觸、法中？這是內在的學習，它有完成的一天。

　　若我們只研究而不修行，將得不到任何結果。就如養牛的人，早上帶牛去牧場，晚上又將牠帶回畜欄——他卻未喝過牛奶。研究固然很好，但別讓它變成如此，你應養牛，同時也喝牛奶。要得到最好的結果，一定要解行並重。

　　我換個方式來解釋。就如某人養雞，卻不取雞蛋，他得到的只是雞屎！注意，不要讓你自己變成那樣！這意味著我們研究

慧

經典，卻不知如何放下煩惱，不知如何去除心中的貪、瞋、痴。研究而不修行，沒有斷除煩惱，就不會有結果。這就是為何我將它比喻為養雞卻不取雞蛋，只取雞屎，那是相同的。

若不修行
永遠不知解脫的滋味

佛陀希望我們研究經典，然後針對身、口、意，戒絕惡行，增長善行。人類真正的價值，將透過身、口、意行而得到實現。若我們光說不練，則修行是不完全的；或我們雖做好事，但心卻不夠好，那也同樣是不完全的。

佛陀教導我們要增長身、口、意的善行，要增長善的行為、語言與意念，這是人生的寶藏。研究與修行都要好才行。

佛陀的八正道、修行之道，都不外乎這身體：兩個眼睛、兩個耳朵、兩個鼻孔、一個舌頭與一具身軀，這就是「道」，而心則是遵循「道」者。因此，研究與修行，都存在於我們的身、口、意中。

你見過經典教導除了身、口、意之外的東西嗎？經典只教這個，別無其他。煩惱就在這裡出生，若你覺知它們，它們也會在這裡滅亡。因此，你應該了解，研究與修行都存在於此。只

慧

要研究這麼多，我們就可以知道一切。說話時，說句真實語，勝過一輩子瞎說，你了解嗎？換句話說，一個只研究而不修行的人，就如湯鍋裡的杓子，它每天都在鍋子裡，卻從不知湯的滋味。

　　若你不修行，你可能會一直研究到死，永遠不知道解脫的滋味！

慧

【附錄】《阿姜查的禪修世界》各部文章出處

阿姜查教法奇妙而簡單的風格可能會騙人,讓人誤以為它沒什麼;有些東西經常只有在聽過許多次後,我們的心才會豁然開朗,教法以某種方式呈現出更深刻的意義來。他的善巧方便,讓他能因時、因地而適宜地解釋「法」,使聽眾都能了解與感同身受,實在令人驚嘆。

有時從字面上看來,似乎會顯得不一致與自相矛盾,這時讀者應記住,這些文字都是活生生的經驗記錄。同樣地,如果教法有時可能和傳統所說有些出入,我們也應記住,法師總是發自內心在說話,發自他自己禪修經驗的深處。

讀者們會注意到,由於阿姜查的談話從來不打草稿或針對單一主題,因此,它們每一篇都可能涵蓋佛道的廣泛層面——戒、定、慧的元素經常相互交織與呼應。雖然如此,每一篇都仍有各別的主題,這些都是方便安立的。

收集在這本合輯的談話,本來是收錄在六本不同的刊物上;其中有些後來又重印成一本,或與其他一、兩本合印。從泰文譯成英文,有先天上的困難,許多口頭指導技巧上的重複語句被刪除,但願這不至於遺漏阿姜要強調的精神。

被吸收進泰文的巴利語，後來都有了新增的意義。例如，泰文 arom 是指巴利語 (ārammaṇa)，意指感官所緣或法塵，但它一般都被當作「心情」或「感情」。阿姜查在使用這些字時，兩種方式都有使用，它們都被逐一對照翻譯出來。同樣地，mind（心）與 heart（心、心臟、核心）在泰文中所指都是相同的，它們也都被依上下文意，而有不同的翻譯。

要在晦澀的直譯與流暢的意譯之間取得平衡，並不太容易，每個譯者都各有擅長；但願他們的文字處理，都能呈現出這些談話的清晰、直接與幽默，更重要的是蘊藏在其中的深度。原來的合輯如下：

【一】《菩提智》(*Bodhinyana*，書名是取自阿姜查的法名。編按：阿善查的法名或音譯為 Phothiyan) 是由阿姜查的西方弟子，所翻譯與出版的第一本他的談話合輯。從一九七九年初版至今，已重印過許多次，是由阿姜查的多位西方比丘與八戒女弟子翻譯完成。

1.〈教法片斷〉(*Fragments of a Teaching*)：一九七二年在巴蓬寺對在家眾的談話。（編按：本篇於中譯本編入〈關於這顆心〉一文，見本書頁14-24。）

慧

2.〈一份「法」的贈禮〉(*A Gift of Dhamma*)：一九七七年十月十日在烏汶的國際叢林寺 (Wat Pah Nanachat) 對西方比丘、沙彌與在家眾的談話。這談話是獻給一位比丘的父母，在某次他們從法國來訪的場合。

3.〈法性〉(*Dhamma Nature*)：一九七七年雨安居期間，對國際叢林寺的西方弟子的談話，就在一位資深比丘還俗離開寺院時。

4.〈實相的兩面〉(*The Two Faces of Reality*)：一九七六年，在阿姜查住處的一次非正式談話，在晚間禪修之後，對一些比丘與沙彌所說。

5.〈心的訓練〉(*The Training of the Heart*)：一九七七年三月，對一群來自曼谷波翁奈寺（Wat Bovornives）的西方比丘所說，由甘地帕羅法師 (Phra Khantipalo) 率領。

6.〈與眼鏡蛇同住〉(*Living with the Cobra*)：對一位英國老婦人的最後教導，她從一九七八年底至一九七九年初，接受阿姜查為期兩個月的指導。

7.〈閱讀自然之心〉(*Reading the Natural Mind*)：一九七八年雨安居期間，對一群剛做完晚課的新戒比丘一次非正式的談話。

8.〈只管做它！〉(*Just do It！*)：一九七八年七月，在進入雨安居那天，對巴蓬寺一群新戒比丘所作的活潑談話，以寮國方言講說。

【二】《解脫的滋味》(*A Taste of Freedom*) 由單一譯者布魯斯・伊凡斯 (Bruce Evans) 獨力完成，他編輯這本書時的身分是阿姜普里梭 (Ajahn Puriso)。本書在一九八一年首次出版。

1.〈關於這顆心〉(*About this Mind*)：（編按：英譯本未列出本篇說法因緣，本篇於中譯本編入〈關於這顆心〉一文，見本書頁13。）

2.〈內心的平衡〉(*The Path in Harmony*)：一次以東北方言講說的非正式談話，出自一捲難以辨識的錄音帶。

3.〈和諧的正道〉(*The Path in Harmomy*)：分別於一九七九與一九七七年，在英國的兩次談話整理。

4.〈內心的中道〉(*The Middle Way Within*)：一九七〇年以東北方言，對一群出家人與在家人所作的開示。

5.〈超越的平靜〉(*The Peace Beyond*)：一九七八年在巴蓬寺，對泰國國會議長桑雅・達磨薩克提 (Sanya dharmasakti) 的談話濃縮版本。

6.〈世俗與解脫〉(*Convention and Liberation*)：一次以東北方言所講說的非正式談話，出自一捲難以辨識的錄音帶。標題是一個對稱語，出自泰文的 sammut-vimut 與巴利語的 sammuti-vimutti。

7.〈無住〉(*No Abiding*)：對國際叢林寺的比丘、沙彌與在家眾所講，他們在一九八〇年的雨安居期間到巴蓬寺參訪。

8.〈正見——清涼地〉(*Right View— The Place of Coolness*)：對國際叢林寺的比丘、沙彌與在家眾所講，他們在一九七九年到巴蓬寺參訪。

9.〈結語〉(*Epilogue*)：摘自一九七九年在英國牛津對一位認真而有些學究氣息的在家佛教徒的談話。

【三】《活「法」》(*Living Dhamma*) 是阿姜查對在家人的談話合輯，與《心靈糧食》(1993) 是姊妹作，後者是針對出家人所說。這兩本書的談話都是由布魯斯‧伊凡斯翻譯，它們是為了一九九三年阿姜查的葬禮而編輯。

1.〈使心變好〉(*Making the Heart Good*)：對一大群來巴蓬寺供養，以贊助寺院的在家人所說。

2.〈為何我們生於此？〉(*Why Are We Here*)：一九八一年雨

安居期間，在金剛光明洞寺 (Wat Tum Saeng Pet) 對一群來訪的在家人所說，時間就在阿姜查健康惡化前不久。

3.〈我們真正的家〉(*Our Real Home*)：對一位臨終的在家老婦人所說。

4.〈四聖諦〉(*The Four Noble Truths*)：一九七七年在英國坎伯利（Cumbria）文殊學院（Manjushri Institute）的談話。

5.〈修定〉(*Meditation— Samādhi Bhāvanā*)：一九七七年在倫敦漢普斯戴德寺 (Hampstead Vihara) 所講。

6.〈與「法」同住世間〉(*Living in the World with Dhamma*)：在烏汶省會，靠近阿姜查寺院的一個信徒家裡，接受邀請去托缽之後的一次非正式談話。

7.〈空經法師〉(*"Tuccho Poṭhila"— Venerable Empty Scripture*)：一九七八年的某個晚上，在阿姜查的茅篷，對一群在家眾的非正式談話。

8.〈寧靜的流水〉(*Still, Flowing Water*)：一九八一年雨安居期間，在金剛光明洞寺所說。

9.〈趨向無為〉(*Toward the Unconditioned*)：一九七六年在一個陰曆齋戒夜所說。

慧

【四】《心靈糧食》(*Food for the Heart*, 1993) 是和本書（編按：指本書的英文本）同名的一本合輯。

1.〈「法」的戰爭〉(*Dhamma Fighting*)：擷取自對巴蓬寺比丘與沙彌的談話。

2.〈了解戒律〉(*Understanding Vinaya*)：一九八〇年雨安居期間，在巴蓬寺誦戒結束後對比丘大眾的談話。

3.〈維持標準〉(*Maintaining the Standard*)：一九七八年佛學考試過後，在巴蓬寺的談話。

4.〈正確的修行——穩定的修行〉(*Right Practice— Steady Practice*)：一九七八年盛夏，在奎安寺 (Wat Kuean) 對一群短期出家的大學生所說。

5.〈正定——在活動中離染〉(*Samma Samādhi— Detachment Within Activity*)：一九七七年雨安居期間在巴蓬寺所講。

6.〈欲流〉(*The Flood of Sensuality*)：一九七八年雨安居期間，在巴蓬寺誦戒結束後對比丘大眾所講。

7.〈死寂之夜〉(*In the Dead of Night*)：六〇年代末期在巴蓬寺，於一個陰曆齋戒夜所說。

8.〈感官接觸——智慧的泉源〉(*Sense Contact-the Fount of Wisdom*)：一九七八年雨安居期間，在巴蓬寺誦戒結束後對比

丘大眾所講。

9.〈「不確定」——聖者的標準〉（*"Not Sure！"— The Standard of the Noble Ones*）：一九八〇年的一個晚上，在阿姜查的茅篷，對一些比丘與沙彌的非正式談話。

10.〈勝義〉（*Transcendence*）：一九七五年在巴蓬寺，於一個陰曆齋戒夜所說。

【五】《解脫之鑰》（*The Key to Liberation*）的泰文原文為 *Gunjaer Bhāvanā*，是阿姜查教法以書面呈現的第一本書，時間在一九六〇年代。這個新的英譯本是在二〇〇二年完成。

1.〈解脫之鑰〉（*The Key to Liberation*）：六〇年代在巴蓬寺，對一個前比丘學者與他的一群在家學生所說。

【六】《見道》（*Seeing the Way*）一九八八年所作的一本手冊，由阿姜查的資深西方出家弟子所講解。本書由這個對話開始。

1.〈什麼是「觀」？〉（*What is Contemplation?*）：摘錄自一九七九年雨安居期間在果諾寺（Wat Gor Nork），阿姜查與一群西方比丘與沙彌間的一次問答。為了便於了解，對於談話的順序做了一些調整。

JB0001	狂喜之後	傑克・康菲爾德◎著	380元
JB0002	抉擇未來	達賴喇嘛◎著	250元
JB0003	佛性的遊戲	舒亞・達斯喇嘛◎著	300元
JB0004	東方大日	邱陽・創巴仁波切◎著	300元
JB0005	幸福的修煉	達賴喇嘛◎著	230元
JB0006	與生命相約	一行禪師◎著	240元
JB0007	森林中的法語	阿姜查◎著	320元
JB0008	重讀釋迦牟尼	陳兵◎著	320元
JB0009	你可以不生氣	一行禪師◎著	230元
JB0010	禪修地圖	達賴喇嘛◎著	280元
JB0011	你可以不怕死	一行禪師◎著	250元
JB0012	平靜的第一堂課——觀呼吸	德寶法師◎著	260元
JB0013X	正念的奇蹟	一行禪師◎著	220元
JB0014X	觀照的奇蹟	一行禪師◎著	220元
JB0015	阿姜查的禪修世界——戒	阿姜查◎著	220元
JB0016	阿姜查的禪修世界——定	阿姜查◎著	250元
JB0017	阿姜查的禪修世界——慧	阿姜查◎著	230元
JB0018X	遠離四種執著	究給・企千仁波切◎著	280元
JB0019X	禪者的初心	鈴木俊隆◎著	220元
JB0020X	心的導引	薩姜・米龐仁波切◎著	240元
JB0021X	佛陀的聖弟子傳1	向智長老◎著	240元
JB0022	佛陀的聖弟子傳2	向智長老◎著	200元
JB0023	佛陀的聖弟子傳3	向智長老◎著	200元
JB0024	佛陀的聖弟子傳4	向智長老◎著	260元
JB0025	正念的四個練習	喜戒禪師◎著	260元
JB0026	遇見藥師佛	堪千創古仁波切◎著	270元
JB0027	見佛殺佛	一行禪師◎著	220元
JB0028	無常	阿姜查◎著	220元
JB0029	覺悟勇士	邱陽・創巴仁波切◎著	230元
JB0030	正念之道	向智長老◎著	280元
JB0031	師父——與阿姜查共處的歲月	保羅・布里特◎著	260元

JB0067	最勇敢的女性菩薩──綠度母	堪布慈囊仁波切◎著	350元
JB0068	建設淨土──《阿彌陀經》禪解	一行禪師◎著	240元
JB0069	接觸大地─與佛陀的親密對話	一行禪師◎著	220元
JB0070	安住於清淨自性中	達賴喇嘛◎著	480元
JB0071/72	菩薩行的祕密【上下冊】	佛子希瓦拉◎著	799元
JB0073	穿越六道輪迴之旅	德洛達娃多瑪◎著	280元
JB0074	突破修道上的唯物	邱陽・創巴仁波切◎著	320元
JB0075	生死的幻覺	白瑪格桑仁波切◎著	380元
JB0076	如何修觀音	堪布慈囊仁波切◎著	260元
JB0077	死亡的藝術	波卡仁波切◎著	250元
JB0078	見之道	根松仁波切◎著	330元
JB0079	彩虹丹青	祖古・烏金仁波切◎著	340元
JB0080	我的極樂大願	卓千拉貢仁波切◎著	260元
JB0081	再捻佛語妙花	祖古・烏金仁波切◎著	250元
JB0082	進入禪定的第一堂課	德寶法師◎著	300元
JB0083	藏傳密續的真相	圖敦・耶喜喇嘛◎著	300元
JB0084	鮮活的覺性	堪千創古仁波切◎著	350元
JB0085	本智光照	遍智　吉美林巴◎著	380元
JB0086	普賢王如來祈願文	竹慶本樂仁波切◎著	320元
JB0087	禪林風雨	果煜法師◎著	360元
JB0088	不依執修之佛果	敦珠林巴◎著	320元
JB0089	本智光照─功德寶藏論　密宗分講記	遍智　吉美林巴◎著	340元
JB0090	三主要道論	堪布慈囊仁波切◎講解	280元
JB0091	千手千眼觀音齋戒─紐涅的修持法	汪遷仁波切◎著	400元
JB0092	回到家，我看見真心	一行禪師◎著	220元
JB0093	愛對了	一行禪師◎著	260元
JB0094	追求幸福的開始：薩迦法王教你如何修行	尊勝的薩迦法王◎著	300元
JB0095	次第花開	希阿榮博堪布◎著	350元
JB0096	楞嚴貫心	果煜法師◎著	380元
JB0097	心安了，路就開了：讓《佛說四十二章經》成為你人生的指引	釋悟因◎著	320元
JB0098	修行不入迷宮	札丘傑仁波切◎著	320元
JB0099	看自己的心，比看電影精彩	圖敦・耶喜喇嘛◎著	280元
JB0100	自性光明──法界寶庫論	大遍智　龍欽巴尊者◎著	480元

JB0130	頂果欽哲法王：《上師相應法》	頂果欽哲法王◎著	320 元
JB0131	大手印之心：噶舉傳承上師心要教授	堪千創古仁切波◎著	500 元
JB0132	平心靜氣：達賴喇嘛講《入菩薩行論》〈安忍品〉	達賴喇嘛◎著	380 元
JB0133	念住內觀：以直觀智解脫心	班迪達尊者◎著	380 元
JB0134	除障積福最強大之法——山淨煙供	堪祖蘇南給稱仁波切◎著	350 元

橡樹林文化 ❖❖ 成就者傳紀系列 ❖❖ 書目

JS0001	惹瓊巴傳	堪千創古仁波切◎著	260 元
JS0002	曼達拉娃佛母傳	喇嘛卻南、桑傑・康卓◎英譯	350 元
JS0003	伊喜・措嘉佛母傳	嘉華・蔣秋、南開・寧波◎伏藏書錄	400 元
JS0004	無畏金剛智光：怙主敦珠仁波切的生平與傳奇	堪布才旺・董嘉仁波切◎著	400 元
JS0005	珍稀寶庫——薩迦總巴創派宗師貢嘎南嘉傳	嘉敦・強秋旺嘉◎著	350 元
JS0006	帝洛巴傳	堪千創古仁波切◎著	260 元
JS0007	南懷瑾的最後 100 天	王國平◎著	380 元
JS0008	偉大的不丹傳奇・五大伏藏王之一貝瑪林巴之生平與伏藏教法	貝瑪林巴◎取藏	450 元
JS0009	噶舉三祖師：馬爾巴傳	堪千創古仁波切◎著	300 元
JS0010	噶舉三祖師：密勒日巴傳	堪千創古仁波切◎著	280 元
JS0011	噶舉三祖師：岡波巴傳	堪千創古仁波切◎著	280 元
JS0012	法界遍智全知法王——龍欽巴傳	蔣巴・麥堪哲・史都爾◎著	380 元
JS0013	藏傳佛法最受歡迎的聖者——瘋聖竹巴袞列傳奇生平與道歌	格西札浦根敦仁欽◎藏文彙編	380 元
JS0014	大成就者傳奇：54 位密續大師的悟道故事	凱斯・道曼◎英譯	500 元

橡樹林文化 ❖❖ 朝聖系列 ❖❖ 書目

JK0001	五台山與大圓滿：文殊道場朝聖指南	菩提洲◎著	500 元
JK0002	蓮師在西藏：大藏區蓮師聖地巡禮	邱常梵◎著	700 元
JK0003	觀音在西藏：遇見世間最美麗的佛菩薩	邱常梵◎著	元

善知識系列 JB0017

阿姜查的禪修世界【第三部】慧
Food for the Heart: The Collected Teachings of Ajahn Chah

作者＝阿姜查（Ajahn Chah）
譯者＝賴隆彥
封面・內頁版型設計＝唐亞陽工作室

總編輯＝張嘉芳
編輯＝廖于瑄
業務＝顏宏紋
出版＝橡樹林文化
發行＝英屬蓋曼群島商家庭傳媒股份有限公司城邦分公司
台北市中山區民生東路二段141號5樓
客服服務專線：(02)25007718；(02)25001991
24小時傳眞服務：(02)25001990；25001991
服務時間：週一至週五上午09:30~12:00；下午13:30~17:00
劃撥帳號：19863813；戶名：書虫股份有限公司
讀者服務信箱 service@readingclub.com.tw

城邦（香港）出版集團有限公司
香港灣仔駱克道193號東超商業中心1樓
電話：(852)25086231 傳真：(852)25789337
Email: hkcite@biznetvigator.com
城邦（馬新）出版集團【Cité (M) Sdn.Bhd. (458372 U)】
41, Jalan Radin Anum, Bandar Baru Sri Petaling,
57000 Kuala Lumpur, Malaysia.
電話：(603) 90578822 傳真：(603) 90576622
Email：cite@cite.com.my
印刷：中原造像股份有限公司
初版一刷＝2004年9月
初版22刷＝2022年7月
ISBN 986-7884-30-2
定價＝230元

國家圖書館出版品預行編目資料

阿姜查的禪修世界. 第三部，慧／阿姜查著；
　賴隆彥譯，--初版，--臺北市；橡樹林文
化出版；城邦文化發行，2004〔民93〕
　　面；　公分，--（善知識系列；17）
譯自：Food for the Heart: The
Collected Teachings of Ajahn Chah
　ISBN 986-7884-30-2（平裝）

　1. 佛教-修持　2. 佛教-語錄

225.7　　　　　　　　　　　93013400